坂本政道

あの世はある!

ヘミシンクで知る死後の存続

はじめに

私が本書を著した理由は、「あの世はある」ということ、「人は死後も生きている」ということを多くの人に知ってもらいたかったからである。

また、死後世界を訪れたり、死んだ人に会って話をしたりすることができるということ、さらにそれを可能とする方法があるということも知ってほしかった。

その方法とはヘミシンクと呼ばれるもので、アメリカのモンロー研究所によって開発された音響技術である。

これまでに米国や日本で多くの人がヘミシンクを学んできている。そして死後世界を訪れ、死者に会い、会話をするという体験をしている。

私もヘミシンクを学ぶことで、死後世界のさまざまな領域を訪れたり、亡くなった人と会って会話をしたりすることができるようになった。

元々そういった能力はまったくなかったのだが、２００１年にモンロー研究所を訪れて、ヘミシンクを体験する宿泊プログラムに初めて参加し、それ以降かなりの頻度でヘミシンクを体験することで、次第にそういったことができるようになった。それにつれて死の恐怖も軽減し、今ではまったくない。

本書では、ヘミシンクを使って死後世界を訪れた体験について、私の体験を中心にその他の多くの人の体験を紹介した。


こういう話をすると、必ず聞かれるのが、そういう体験が事実だと客観的に証明できるのかということである。本当に死後世界を体験したのか、死んだ人に会ったのか、それを証明できるのかということである。

答えは残念ながら現段階ではＮＯ《ノー》だ。あの世を体験したり、死んだ人に会ったり、会話をしたりするというのはあくまでも心の中での体験である。つまり主観的な体験である。それを客観的に証明することは今の段階では不可能だと思う。

主観的な体験ではあるが、たとえば亡くなった夫と残された奥さんしか知らないことを、亡くなった夫に会った第三者が夫から聞いて、奥さんに確認したところ、本当だったというような話ならいくつもある。

ただ、自分で体験すると、体験の真実性があまりに明らかなので、あえて証拠など必要としないと思う人も多い。自分が１００％納得したら、それで十分だと感じるのである。

そういう人がいる一方で、体験がそこまでクリアでないとか、自分の想像ではないのかという疑念が払いきれないという人もいる。そういう人の場合でも、何度も体験してゆくうちに、自分が確証を取れるような体験をいくつかするとかして、体験が単なる心の中の想像ではないという自信を深める場合が多い。

本書の目的は、ヘミシンクを使って死後世界を訪れ、死んだ人に会ったという体験談を多く紹介することで、そういう可能性があることを知ってもらうことにある。それを証明することではない。

私は本書でお話しすることを信じろとは言わない。信じるのも信じないのも読者の自由だと思う。

また、たとえ信じたとしても、あの世があることを本当に納得するには、自分自身であの世を体験するしかないと思う。だから、この本を読んで、興味を持った方はぜひヘミシンクを実際に体験してみてもらいたい。


世の中には、愛する人を失ってその悲しみ、喪失感からなかなか抜け出せないでいる人が多くいる。特に夫や妻、子供を失った悲しみは癒すことが難しい。時間が癒してくれる面もあるだろうが、心のどこかにいつまでも引きずるのではないだろうか。

かく言う私も去年（２０１３年）、親しい人を相次いでふたり亡くした。一人は50代、もう一人は20代である。年齢が年齢だけに残された側の悲しみには深いものがある。

私が本書を著したのには、こういう個人的な背景もある。

私はみなに声を大にして言いたい。こういった悲しみはかなりの程度で癒すことができるのだと。

それは、亡くなった人に会い、話をして、亡くなった人が幸せに過ごしていることを知ることで可能となる。亡くなった人が幸せにしていることを知るだけで、ほっと安心するものだ。その結果、それまで抱えていた悲しみやつらさ、喪失感、罪悪感から解放され、自分の人生を先へ進めるようになる。

これまでにヘミシンクを学ぶことで多くの人が実際に亡くなった人に会い、悲しみから解放されてきている。本書を読まれることで、そういうことが可能だと納得してもらえればと思う。

人の死を悲しむ人がいる一方、自分の死を恐れる人も多い。がんで余命数か月と医者から告げられ、頭が真っ白になったという話をよく聞く。

人は死と太陽は直視できないと言う。元気なときに自分の死について聞かれると、「怖くないよ」とほとんどの人は言う。ところが、いざ自分が死ぬとなると、そう生易しいものでないことに初めておののくのだ。死の恐怖は体験して初めてわかるものだ。

こういった死の恐怖は、実は解決できる。死は恐怖ではなくなるのだ。

それには、生きているときに実際にあの世を何度も訪れ、そこに慣れ親しみ、その中の光に溢れる幸せな領域へ行かれるようになればいい。それが確実になればなるほど、死の恐れは軽減していく。ヘミシンクを学ぶことでそれは可能となる。

人の死を悲しむ人たちと自分の死を恐れる人たちに、言いたい。
人の死や自分の死を悲しまないでほしい。死を恐れないでほしい。人は死を超えて生き続けるのだ。我々は亡くなった人に会うことができるし、会話することもできる。死の恐怖を克服することができるのである。

２０１４年春　坂本政道

目次

あの世はある!

ヘミシンクで知る死後の存続

はじめに　3

第1章　人は死後も生きている
恋人を突然の事故で亡くした香さん　15
夫を肝硬変で亡くした中本さん　26
夫をがんで亡くした安田さん　29

第2章　あの世体験を可能にしたヘミシンク
ヘミシンクを開発したロバート・モンロー　33
ヘミシンクの開発　39
体外離脱しなくていい　42
フォーカス・レベル　43
ヘミシンク体験プログラム　49
ヘミシンクＣＤ　50

第3章　モンローの本との出会いと体外離脱体験

衝撃だった初めての体外離脱体験　63
過去世を追体験　72
帰国　75
モンロー研究所訪問　79
ライフライン参加と初めての死後世界体験　90

第4章　ヘミシンクが明らかにした死後世界

フォーカス21　99
フォーカス22　104
フォーカス23　104
（1）物質世界のすぐそばに居続ける人たち　105
（2）自分の思いが作り出した世界に一人で居続ける人たち　107
フォーカス24〜26　信念体系領域　110
・宗教に関連する世界　111

・欲に関連する世界　111
・趣味、嗜好、習慣に関連する世界　113
・政治に関連する世界　113
フォーカス27　114
・受け入れの場（レセプション・センター）　116
・癒しと再生の場（ヒーリング&リジェネレーション・センター）　117
・スペシャル・プレイス　120
・教育の場（エデュケーション・センター）　120
・計画の場（プランニング・センター）　122
資料館　125
新しいアイデアを生み出す機能　127
新しい生へ送り出す場　127
・CI／全体を調整する知的存在　128
・人間以外のための領域　129

第5章　亡くなった知人と会う

父　134
高校の同級生の森さん　140
知人の新井さん　143
自殺した沙織さん　146
セミナー参加者の体験　151

第6章　救出活動

救出活動の意義　163
救出活動のプロセスの流れ　164
救出の体験例　169
セミナー参加者の体験　182

7章　自分の過去世や側面の救出

南洋の青年　206

ネイティブ・アメリカンの戦士 212
国家のために戦った軍人 218
セミナー参加者の体験 225
側面の救出 229

第8章 過去世の存在を確信する
古代ギリシャの瞑想者 233
過去世を知ることの意義 238

第9章 あの世体験で変わる死生観
重石が取れる 249

おわりに 252

第1章　人は死後も生きている

ヘミシンクについて詳しくは後でお話しすることにして、まずは、ヘミシンクを学ぶことで、亡くなった人に会うことができるようになった人の話をいくつか紹介したい。

恋人を突然の事故で亡くした香さん

最初に紹介するのは、亡くなった恋人に会うことができた香さんの話である。

香《かおる》さん（仮名）は29年前に彼氏（悟《さとる》さん／仮名）を亡くした。付き合い出してまだ10か月だった。悟さん27歳、香さん23歳のときのことである。

悟さんは12月31日大晦日の夜、自宅に車で帰る途中、凍結した道路でスリップし、そこだけなぜか空いていたガードレールの隙間をぬって落ち、亡くなった。即死だった。

香さんはそのひと月前の11月26日に父を54歳の若さで突然亡くしていた。父の死後、悟さんは毎晩のように仕事の帰りに寄ってくれたり、親身になって香さん一家を支えてくれた。

悟さんが亡くなった後、彼の母にそのお礼を言いに行くと、「あの子は優しい子だから誰にでもそうするのよ。あなたが特別だからそうしたわけではない！」と憎しみを持って拒絶されてしまった。

実は、悟さんは正月に香さんの家に来るつもりだったので、カバンに線香を入れていた。亡くなった後、それを見つけた母は、「こんなものを持っているから(あの世に)引かれたんだ！」と逆上していたのだ。

香さんは彼のご家族とだけは彼を失った悲しみを共有できると浅はかに信じていた。彼の話をもっと聞きたかったし、ご家族からも「もっとお話を聞かせて」と言っていただけると思っていた。だから、彼の母の対応に大きなショックを受けて、葬式にも行けなかった。

悟さんの母にそう言われたこともあり、香さんは次第に悟さんの気持ちを疑う心も出てくるようになった。悟さんは無口なところがあったので、はっきりと好きだとか結婚しようとか言われたことがなかった。だから、悟さんの母にそう言われて、もしかしたら自分のことを本当は何とも思ってなかったんじゃないのかという思いも出てきた。

その反面、悟さんが自分のことを大事にしてくれた気持ちは真実とわかってもいた。

その当時の気持ちを香さんはこう語る。

彼との時間の距離が離れるにつれ、私は彼の気持がわからなくなりました。彼は写真が嫌いだったので、二人で映ったものさえ一枚もありませんでした。私は自分で彼と私の合成写真を作りました。そしてそれを見ては、みじめになり泣けてきました。夢に彼が現れても、『あなたなんて知らない』と冷たく言われるばかりでした。私が彼からもらったのは、悲しみだけかと思いました。相手は何とも思っていないのに、人生を根こそぎ奪われるような悲しみを一人で抱えるなんて、これほどの滑稽な話があるだろうかと思ったりもしました。私一人の大きな勘違いだったなんて。私はただ、深い精神的記憶より、この物質界での証拠を求めました。でも、もう一人の私は彼の愛情を心底信じてもいました。

香さんは悟さんの死後10年以上、事故現場に毎月お花を持っていくことを忘れなかった。その後、付き合った人もいたが、結婚する気にはならなかった。

2010年4月には姉が乳がんで亡くなった。姉を3年程、家で母といっしょに最後まで看護した。姉は最後の2年間は玄米菜食を通し、最後は存在そのものがすごく透明な感じになって、手を合わせてお祈りをしている姿が観音様に見えたりした。

姉が死んで間もないころ、不思議なことが起こった。心の中で姉との会話が始まったのだ。そのときの経緯は彼女によるとこうだ。

姉のお葬式はしませんでした。母と姉の共通の友人一人と私だけで火葬したのですが、火葬場に行く時、母と友人が霊柩車に乗り、私が車で泣きながら後を運転していきました。

その時、「今が一番辛いから」と、父、姉、彼、祖父母まで車に一緒に乗って、「あの霊柩車の中に横たわっている体はただの抜け殻よ」と教えてくれました。何も哀しむことはないと。

その時はそれで急に涙が止まり、元気になって火葬場につきました。でも、すぐ私の思い込みだと思いました。悲しみからの逃避だと。

それからしばらくして、姉の部屋を掃除しに、掃除機を持って部屋のドアを開けると、「わ〜来た来た！　香ちゃんだ〜」と頭の中で言います。私が隅の隅まで掃除機をかけると、「悪いね、いいよ、そんなとこまで。え？　そこまでしてくれるの？」と言います。

姉はとても綺麗好きだったので、「じゃここもしてくれる？」と私が目をやった場所を指して言います。それからワイワイ色々言うので、思い出して哀しくなって、泣きながら急いで掃除をすませて、部屋を閉めていました。あの部屋に入るのが嫌になるくらいでした。

自分で勝手に言っていると思っていたので。でも、何度掃除をしても部屋を開けると、「わ〜来た来た！」と頭の中で言いました。

その頃、朝、気功を外でしていると、遠い空から「香ちゃ〜ん」と呼ぶ声が聞こえました。それは頭の中じゃなくて外から。

耳を澄ましましたが、何も聞こえません。車の警笛かなにかだったのかな？？？と思いましたが、姉の声を思い出して泣きました。

そんな香さんはヘミシンクに興味を持つようになった。その経緯はこうである。

以前から臨死体験に興味がありキューブラー・ロスや立花隆さんの本を読んでいました。姉が死んで死後の世界をもっと知りたくてアマゾンで検索すると木内鶴彦さんの臨死体験の本が目につきました。そのそばに『死後体験』の坂本さんの本も目にとまって一緒に買いました。

木内さんは立花さんの臨死体験の本にも出ている人でした。木内さんが臨死体験で宇宙に行った時「そこは膨大な意識があった」みたいなことを書いていて、そのときは「意識？」とよくわからなかったのですが、新鮮でした。何かを感じました。

そして坂本さんの本を読むと、また「意識」のことが書いてあり、木内さんの言う宇宙の「膨大な意識」と自分の意識との関係など、よく似ていたので、これは本物かなと思い、ヘミシンクに興味をもちました。これをすれば姉達に本当に会えるのかもしれないと希望をもちました。

それでヘミシンクのCD（ゲートウェイ・エクスペリエンス）を聞き始めたのが、姉が死んで半年後の、2010年11月26日（父の命日）でした。

初めてヘミシンク・セミナーに参加したのは2011年5月のことである。長崎で開かれたエクスカージョンという2日コースだった。7月には小淵沢でのゲートウェイ・ヴォエッジに、翌2012年5月にはライフラインに参加した。ゲートウェイ・ヴォエッジもライフラインも5泊6日のコースである。ゲートウェイでヘミシンクの基礎を体験し、ライフラインで死後世界を訪れた。

ところが、期待していたような彼との出会いは起こらなかった。ただ、ライフラインで収穫がなかったわけではなかった。

参加者の岡田さん（仮名）が悟さんを探してくれて、あの世のフォーカス27と呼ばれる光あふれる世界にいる悟さんに会った。岡田さんによると、悟さんは「彼女は僕の事が見えないみたいなんです」と言っていたとのこと。さらに岡田さんは、香さんの持つ信念が見るのを拒否しているとも言った。

こう言われて、香さんは気づいたのだが、「彼は自分のことなんか何とも思っていなかったんじゃないのか」という疑いの心が、永い年月の間にいつの頃か心の奥底に凍りついた信念を作っていたということである。向こうの世界で会ったら、自分のことを冷たい「他人の目」で見るに違いないという強い思い込みである。その思いのために、彼女は悟さんに会うことができなかった。

こういうかたくなな信念が心の奥にあることに気づいたことが、新たな展開へと導くことになる。

2012年6月に福岡で開かれたヘミシンクの1日コースで、ゲートウェイでもラインでも会えなかった家族や彼についに会うことができたのだ。彼女の手記を載せる。


もう今回は期待せずに、ただリラックスする練習だけをして臨みました。死んだ姉からも「日ごろつながっているんだから、へミシンクしてもいつもと同じよ。映像を期待してもだめよ。香ちゃんには言葉でしか来ないよ」と言われていたので、今回は言葉で想像することに徹しました。

坂本さんからも「面影を思い出す」ことも呼び水になると言われたので、まず父の雰囲気を思い出しながらフォーカス21(この世とあの世の境界)へ行きました。そしたら、光をバックに父がタキシード姿で迎えに来てくれている気がしました。私は父がタキシードなのでウェディングドレスを着ています。姉も亡くなった時の柔らかな薄ピンクの綺麗な着物を着て、髪にかすみ草の花飾りをしていました。ああ、どんなに懐かしかったことでしょう。私は父に手をひかれて、光の向こうで待ってくれている人のところへ案内されました。会えたのです！　もう、この物質界ではいつのまにか29年もの歳月が流れています。でも、私の中の時間は止まっています。ずっと、ずっと、思い続けている人です。彼もタキシードを着ていたのだと思います。

3人で泣きました。「お父さんどうしてあのとき突然死んでしまったの？　何があったの？」と……。尋ねたいことがたくさんありました。彼には私が信じ切れずに疑っていたことを謝りました。彼は、はにかんで愛おしそうに笑ってくれました。姉は「私の代わりにお母さんを大事にしてね」と泣いていました。父は「安心して生きて行きなさい」と頭をなぜてくれました。

そうです。この物質界のようにはっきり触れられるわけでもありません。今思えば、私が勝手に頭の中で想像して話していたのかもしれません。でも、感じるのです。深いところでわかっているのです。あの世界は真実だということを。

ヘミシンクを知らない人が聞けば、憐れんで「そんなこともあるよね。きっといつもそばにいてくれるよ」と耳にタコの言葉をまたくださるのだと思います。

でも私は「ない」事は想像できないことを学びました。想像は「知覚」だということ。想像できたことはそこに「ある」のだという事を。どうしても会えない、何十回、何百回、試みても見えない、長い長いトンネルを通って学びました。

この世界を信じるか信じないかは経験したか否かで違ってきます。また経験してもこの物質界に戻ってくると、何度も疑ったりします。

死後世界があると思うのも思わないのも私の自由。ヘミシンクの世界を信じるのも信じないのも私の自由。そして事態は信じた方向へと引き寄せられ変わっていきます。

私は、この道を選択します。「肝心なことは目には見えない」と星の王子様が言うように五感以外の感覚を磨いていきます。

要は「心」だと思います。それも力を抜いた「心」、ふわふわした「心」。以前のように歯を食いしばり、奥歯がボロボロになるまで噛みしめた心ではなく、握りこぶしに爪がくいこみ血がにじんだ心でもなく……。

私は長い間、冷たく研ぎ澄まされた抜身《ぬきみ》の刀を心の中にもっていました。私の悲しみの中に、もう二度と土足で他人が入れないように、いつもその刀を握り締めていました。追いつめられた獣が息を殺して、最後の逆襲を待つように神経を張り詰めて生きてきました。

でも、もうそれはいらない。その刀を錆びつかせるのではなく、大切に鞘に納めて奉納しようと思います。私の生きた証に。

私は一礼して、新しい道を選び歩いていきます。今度は力を抜いて風になります。風を受け入れる木々の木の葉になります。そして、五感以外の感覚を養い、天地創造を知りたいと思います。

優しいみなさん本当にありがとうございました。

夫を肝硬変で亡くした中本さん

次に、亡くなった夫に会えるようになった中本さん（仮名）の手記を紹介したい。

夫が亡くなったのは、２００５年12月。私が55歳、夫が60歳の時でした。

夫は56歳の時に重度の肝硬変と診断され、その後の4年間は入退院を繰り返していました。何度か危険な状態に陥りましたが、不死鳥のように乗り越えてきたので、「この人は絶対に死なない」と強く信じていたのです。でも、闘病生活の末に夫は他界してしまいました。

実は、私は夫が亡くなったらすぐに後を追おうと思っていました。でも、現実となると、私は会社役員という立場と責任上、すべてを放棄して死ぬわけにはいかなかったのです。

夫の死後の整理と自分の仕事が落ち着いてきた頃、夫のいない現実が私に重くのしかかるようになりました。苦しさのあまり、伴侶を失った人がどうやって悲しみを乗り越えているのだろうと、死別に関する本を何冊も読みあさるようになりました。そんな中、手に取ったのが佐藤愛子さんの本。ある霊能力者のエピソードが語られていて、無神論者の私でも、少しずつ死後の世界に興味を抱くようになっていきました。

やがて、死後の世界について書かれた本を探すうち、ブルース・モーエンさんの本に出会いました。そこには、「あなたも死者に会えるし、死後の世界に行ける」と書かれていたのです。さらに坂本政道さんの本と出会い、ヘミシンクの各種セミナーが日本で開催されていることを知りました。

死者に会えるなんて信じられませんでしたが、ワラにもすがる思いでセミナーに参加したのです。

2007年9月、初めてのセミナーでは、私自身は何も体験できませんでした。しかし、ご夫婦で参加されていた方がいて、セッション中に私の夫らしき人と会ったと教えてくれました。詳しく聞くと、その身体的特徴は紛れもなく夫だと直感しました。この体験により、いつか私も夫に会えるかもしれないと感じたのです。

その翌月もまた、ヘミシンク・セミナーに参加しました。「ザ・ビジット」というセッション中のことでした。このセッションは「あなたを愛してくれている存在と出会う」ことが目的です。

私は亡き両親や親戚達と会うのだろうと思っていました。ところが、実際には夫がひとり、雲の上で私を笑顔で出迎えてくれたのです。予想を裏切られたこの結果に、驚きと嬉しさでいっぱいになると同時に、「これは決して自分の思い込みや妄想ではない」と実感しました。

それから、ほぼ毎月セミナーに参加するようになりました。自宅でヘミシンクを聴いても夫に会えないのに、セミナーに参加すると会えていたのです。でも、毎日欠かさずヘミシンクを聴くうち、ついに自宅でも会えるようになりました。最初は会える時間も短かったのですが、日を追うにつれすぐに会えるようになり、さまざまな話をしました。

あるとき、私は税理士だった夫の仕事について一切関知していなかったので、気になっていた仕事の引継ぎのことを尋ねてみました。

「生前、死後を考えてある人に託しておいたから心配するな」と言われて納得しました。このほかにも、私自身知りえない答えが返ってくることも多く、自分の妄想ではないと確信するようになったのです。
今では、ヘミシンクなしでも夫と交信できるようになりました。おかげでいつでも夫に会えるし、そばで見守ってくれていると実感を持てるようになりました。けれども、やはり現実に生身の体がそばにいないのは寂しいし、つらい。ですから、死別の苦しみを乗り越えたとか、立ち直れたとは思っていません。それでもなんとか生きていけるのは、いつも夫がそばにいてくれると感じられるから。もし、ヘミシンクに出会わなかったら、もっと苦しみ続けていたかもしれません。死後の世界を教えてくれたヘミシンクに、心から感謝しています。

夫をがんで亡くした安田さん

次に夫を亡くされた安田さん（仮名）の手記を載せる。

今から15年前、夫は41歳のときに直腸がんで亡くなりました。がんが見つかった時にはすでに肝臓、リンパ、骨に転移しており、半年の余命宣告を受けてあっという間に逝ってしまったのです。

当時、私はすでにバシャールの本を読んでいて、「偶然はない」、「起こるべきことはすべて絶妙なタイミングで起こる」、「その人に越えられない苦労、困難は訪れない」ということを知っていました。

でも、伴侶の死を受け入れることは容易ではありません。娘たち3人はまだ学生でしたし、家業は農家で仕事も大変でした。

ヘミシンクを始めたのは夫の死から約8年後、坂本さんの『死後体験Ⅱ』を読んだのがきっかけです。私たち夫婦は、夫の生前から魂は永遠と信じていて、夫は体外離脱を体験したこともありました。その様子をよく話してくれていましたが、あるとき体外離脱から目覚めてこう言ったんです。「死後の世界は宇宙なんだぞ」って。そして、それと同じことが、『死後体験Ⅱ』に書いてあったんです。

セミナー初参加は2006年です。最初はよくわかりませんでしたが、徐々にいろいろな体験ができるようになりました。「ガイドとの邂逅」セミナーではフォーカス21（この世とあの世の境界）で夫と再会できたのです。以前、横を通り過ぎる夫の気配を感じたことはありましたが、ヘミシンクでは会話ができました。声が聞こえるわけではなく、夫の言葉が、ふっと心に浮かぶ感じです。

その時、夫に「なぜこんなに早く別れなければならなかったの？」と聞いたのです。すると、「愛する人と死に別れる体験は、無償の愛、無条件の愛を学ぶためだったんだよ。これでよかったんだ」と。

最初は納得できなくて、「私はそんなふうに思ってない」と反論したのですが、夫は続けて「夫婦の学びが終わったんだよ。これからは一人で自分の人生を楽しんで」って言うんです。「一人で楽しめるかな」と聞くと、「大丈夫、お前ならできる」と。今はこの言葉にとても納得しています。夫婦の学びが終わったから、別れることになったのだと……。

ヘミシンクによって、「今の人生は自分で選んだのだ」ということも分かりました。

「エクスプロレーション27」という5泊6日のセミナーで、今の人生を計画している場面を見たんです。私はフォーカス27（あの世の中の光に溢れる世界）の計画センターで、自分の人生の4つの異なる計画の書かれた紙を見ていました。4枚のうち3枚の人生は簡単そうで、4枚目の人生はすごく大変だけれど、困難を乗り越えたらとても楽しい人生が待っていると。その4枚目の紙だけ、赤いバラが描かれていました。私がそれを選ぶと、そばにいたガイドが「うん、うん」とうなずくのが見えました。

ヘミシンクを始めた50歳から、私の人生は本当に変わったと思います。仕事など大変なことがあっても、「受けて立つ」のではなく、「楽しくやろう」と思えるようになりました。自分を大切にしていると、生きていること自体が本当に幸せだと思えます。自分が満たされていると、周りにいる人たちに喜びをもって接することができるようになってきている自分を感じます。

夫のことは今でも愛していますが、フォーカス27以上の世界で楽しんでいることが分かっているので、執着心はありません。私は今、何とも言えない幸福感で満たされています。

第2章　あの世体験を可能にしたヘミシンク

ヘミシンクを開発したロバート・モンロー

それではヘミシンクとはどういう技術かということをお話ししたい。それにはヘミシンクを開発したロバート・モンローについて少しお話しする必要があるだろう。

モンロー（1915－1995年）はアメリカ人のビジネスマンでラジオ放送の番組制作会社を経営していた人である。彼は脚本を書いたり、効果音を作ったりすることに長けていて、大学卒業後、放送業界に入った。１９４０年代から50年代にかけて全米でヒットしたラジオ番組をいくつも制作している。

50年代に入り、睡眠学習に興味を持つようになり、音を使って人を眠らせるにはどうするのがいいかを研究するようになった。自分が被験者になっていろいろな音の組み合わせを試していった。すると、そういった音を聴いていないときに不思議な体験をするようになる。たとえば、夜、寝入りばなに全身が振動するということが頻繁に起こるようになった（当時は肉体が振動していると思っていたが、後で、それは肉体ではない非物質の体だとわかった）。それはしばしば轟音を伴っていた。

そういった体験の後、１９５８年、42歳のとき、ついに肉体から外へ自分が出るという体外離脱を体験した。そのときの様子を『ロバート・モンロー「体外への旅」』（ハート出版）から載せる。

四週間ほどして、「振動」がまた来たとき、当然注意深く足や腕を動かそうとした。それは深夜で、私が眠りにつこうとベッドに入っていたときだった。妻は脇で眠り込んでいた。頭にわき起こるものがあって、まもなくその状態が体中に広がった。すべてが前と同じようだった。次はどんなやり方でこの状態を分析しようかと考えながら、ふと翌日の午後（当時の私の趣味だった）グライダーで飛びたいという思いが頭をかすめた。因果関係をおもんぱかることなく、そんなものがあるとも知らず、グライダーの楽しさに思いをはせた。

一瞬の後、何かが肩に当たっているのに気付いた。半ば好奇心から、後ろを探ってそれが何か触ってみた。手がなめらかな壁に当たった。腕を伸ばして手を壁に沿って動かしてみると、壁はなめらかに続いて途切れていない。

はっとして、ほの暗い中で周りを見ようとした。それは確かに壁で、私はその壁に寄りかかっていた。とっさに、すっかり寝入ってしまってベッドから落ちただと判断した（かつて落ちたことはなかったが、色々とおかしなことが起こっている今、ベッドから落ちることくらいは考えられる）。

もう一度よく見た。何かが違う。その壁には窓がなく、家具も置かれていないしドアもない。これは寝室の壁ではない。それでも何となく馴染みがある。その瞬間どこなのかが分かった。これは壁ではない、天井だ。私は浮かび上がって天井に当たり、動くたびに緩やかに弾んでいた。空中で回転して、下を見てびっくりした。薄明かりの中にベッドがある。ベッドの中には人影が二つ。右側にいるのは妻だ。その隣に誰かがいる。二人とも眠っていた。

変な夢だ、と思った。好奇心がわいた。誰が妻とベッドにいる夢を見ようとしているのか。目を凝らしてよく見て、強烈なショックを受けた。ベッドにいるのは私だったのだ。

　ほとんど反射的にこう考えた。私はここにいる。あそこに私の体がある。私は死にかけている。死とはこういうことなのだ。だが死にたくない。理由は分からないが振動が原因で死につつあるのだ。必死になって、私はダイバーのように急降下して体に飛び込んだ。ベッドとふとんの感触があった。目を開けると、ベッドからの部屋の光景が見えた。


　体外離脱が一度や二度のことであれば、それで終わっていたのだろうが、その後も頻繁に体験するようになる。モンローに言わせると、居間に象が一匹いるようなもので、無視したくても無視できなくなった。初めは恐怖にかられたが、恐怖が消えると、好奇心が沸き上がってきて、その研究に没頭することになる。

　彼は自らの体験を3冊の本に書き表している。それらは順に、『ロバート・モンロー「体外への旅」』（ハート出版）、『魂の体外旅行』、『究極の旅』（以上、日本教文社）である。

　初めは体外離脱という現象そのものに対する興味に力点が置かれていたが、次第にそれを通して得られる体験、知識についての記述に重点が置かれるようになる。体験は死後世界の探索に留まらず、時間や空間を超えて広範囲に及ぶ。彼が得た知見を私なりにまとめてみるとこうなる。

（1）人は肉体を超える存在である。人は肉体の死を超えて生き続ける。

（2）死後世界は実在する。死後世界はいくつもの世界に分かれている。その中にフォーカス27とモンローが呼ぶようになる光あふれる領域がある。人は次の生へと移るまでの間、そこで癒され、休息をとり、計画を立て、次の生へと向かう。

（3）我々はみな、はるかな過去から数限りない生を体験してきている。そういった多数存在する自分の集合（トータルセルフ）がある。モンローはそれをI／There（IT、アイゼア、向こうの自分）と呼んだ。そこにアクセスすることでさまざまな情報を得ることができる。ITには代表格のような存在が10名ほどいて、自分を導いてくれている。

（4）地球生命系は学習の場であり、そこから卒業することができる。

（5）生命系は地球以外にも物質、非物資を問わず無数にある。そういう生命系に住む生命体との交流は可能である。彼らの中には人類よりもはるかに進歩したものも多数いる。

これら以外にもいくつか重要な知見があるが、本書の範囲を超えるので、ここでは紹介しないことにする。

モンローはこういった知見を多くの人に伝える必要性を強く感じたが、単に本で広めるだけでは人の信念を変えるまでには至らないと思った。

我々は本を読むことで、他の人のした体験について情報を得ることはできる。また、その内容を信じることはできる。ただ、それでは本当に知ったことにはならない。それには自ら体験する必要がある。

たとえば、「人は肉体を超える存在である」ということを例にとってみよう。ほとんどの人は自分イコール肉体だと思っている。肉体がなくなれば、自分もなくなると信じて疑わない。こういう根深い信念を持っている。

そういう人がモンローの本を読み、「そうか、人は死後も存続するんだ」と頭で理解したとしても、信念はなかなか変わらない。

信念を変えるには、自分が肉体を超える存在であることを自ら体験するしかない。同様に、モンローが見出したもろもろの事柄も自ら体験しなければ、本当の意味で知ったことにならない。

そこで、モンローは他の人にもモンローが経験したのと同じような体験をしてもらいたいと思った。それ以外にモンローの見出した事柄を人に伝えるすべはないのである。

彼は音響の専門家だったので、音を使ってそれ実現しようと思い立った。実際、彼がこういった体験をし始めたのも、特殊な音を聴きだしたことがきっかけだった。

ヘミシンクの開発

当時、心身状態と脳波の間にある程度の相関が見られることがすでにわかっていた。脳波とは脳における電気信号の変化を測定したものである。

脳波の変化の速さに応じて、脳の状態はベータ波、アルファ波、シータ波、デルタ波の4つに区分される。変化の速さは1秒間に何回変わるかという回数（正確には周波数）で表される。その回数をヘルツという。ベータ波は13ヘルツ以上、アルファ波は7から13ヘルツ、シータ波は4から7ヘルツ、デルタ波は4ヘルツ以下である。

ここで、心身状態と脳波の相関だが、しっかりと目覚めた覚醒状態にはベータ波が優勢になる。リラックスするとアルファ波が、浅い睡眠や瞑想時にはシータ波が、熟睡時にはデルタ波が優勢になる。

体外離脱に代表されるような通常とは異なる意識状態は変性意識と呼ばれている。こういった意識状態は深くリラックスした状態で起こる。脳波で言うとシータ波からデルタ波に対応している。

モンローは体外離脱やそれに類する状態に人を導くために、音を使って脳波をそれに対応する状態へ導けないかと考えた。

ただ、4ヘルツとか6ヘルツの音を直接聴かせても、人の耳には聞こえない。人の耳は20ヘルツ以下の音は聞こえないのだ。

そこでバイノーラル・ビート（両耳性うなり）という技術が使われた。これはステレオヘッドフォンを使って左右の耳に若干異なる周波数の音を聴かせると、周波数の差に相当する音が脳内で発生するというものだ。例えば、右の耳に１００ヘルツ、左の耳に104ヘルツの音を聴かせると、両者の差である4ヘルツの音が脳内の脳幹という部分で生じ、脳波はそれに従う。

さらに左右の脳波がそろい、バランスのとれた状態になる。脳波パターンを測定すると、左右対称の美しい形になる。

ヘミシンクでは、100ヘルツと104ヘルツといったひとつのペアだけでなく、7つ以上のペアがブレンドされている。しかも、そのブレンドも時々刻々変化してゆき、本物の脳波そっくりになるように作られている。だから単なるバイノーラル・ビート音とは違うのだ。

単にバイノーラル・ビートの4ヘルツの音を聴いても、脳はすぐに慣れてしまい、無視するようになる。だから、それでは効果が出にくい。それに比べると、ヘミシンクはノウハウの塊なのだ。

ヘミシンクの場合、さらに、バイノーラル・ビート音を隠すようにピンク・ノイズと呼ばれる雑音が載せられている。この雑音自体にもリラックス効果がある。ヘミシンクを聴くと主に聞こえるのはザーというこの雑音である。

ヘミシンクとはこういったすべてを複合した音響技術の全体を言う。

ヘミシンクではさらに音声によるガイダンスや効果音も目的に応じて挿入されていて、聴く人が特定の意識状態に入りやすくなるようにしている。ヘミシンクの技術は、医療機関や大学との共同研究によって科学的にも臨床的にも検証され、さらに50年以上にわたる実証的な教育・研究活動を通して洗練されてきた。ヘミシンクは、長年の研究と実績によって、安全性と有効性が証明されている。

体外離脱しなくていい

モンローは死後世界の探索や、ガイドなどの知的生命体との交流、他の生命系の探索、過去世の追体験などさまざまな体験をしたが、初めのころは自分が肉体から抜け出るという、いわゆる体外離脱の状態でそういう体験を行なっていた。

ところが、体外離脱という表現は正確ではないと次第に思うようになった。むしろ、自分の意識の焦点（フォーカス）をどこに合わせているのか、肉体（物質次元）なのか、別の次元なのか、という表現がより正確だということ。肉体に意識の焦点を合わせているのが覚醒状態であり、意識の焦点を他の次元にずらしているのが体外離脱状態だと。焦点をどこに合わせているのか、という表現がより正確だと考えるようになった。

　また、意識の何割をずらすのかということも意味を持ってくる。たとえば、ほとんどの部分が肉体以外の次元に焦点を合わせているのか、それとも半分はまだ物質次元に留まっているのか。だから、単純に体から出ている（体外離脱）状態とか、出ていない状態というふうには言えないということになる。

　実際、ヘミシンクを聴いて体験する状態は、いわゆる体外離脱ではない。肉体の中に意識がある段階で、意識の一部が肉体から離れた状態、あるいは別次元を体験するのだ。これは体外離脱よりも簡単に行なえる。

　もちろん、ヘミシンクを聴いて通常の体外離脱（意識のかなりの部分が肉体から離れた状態にある）を体験することもある。ただ、頻度から言うと、圧倒的に前者だ。

フォーカス・レベル

　モンローは自分のしていた体験を一般の人にも体験してもらうために、さまざまな意識状態を区別し、それぞれに名前を付けることをした。その際、特定の宗教やスピリチュアルな教えで使われている名前を避けるために、単純に番号で呼ぶことにした。それがフォーカス・レベルと呼ばれる番号である。

番号は、10、12、15、21というふうに飛び飛びの値をとる。それぞれ次の状態に対応している。

フォーカス10：肉体は眠るが、意識は明らかな状態
フォーカス12：知覚の広がった状態
フォーカス15：時間の束縛から自由になった状態
フォーカス21：この世とあの世を結ぶ架け橋、境界領域

フォーカス10と書くと長いのでF10と略記されることもある。それ以外のフォーカス・レベルも同様にFいくつと言うことが多い。

覚醒した状態はフォーカス1である。ただし、なぜかC1《シーワン》と呼ばれる。

各フォーカス・レベルへ到達するのに適したヘミシンク音が作られているので、それを聴くことでそれぞれのフォーカス・レベルへ行くことができるようになっている。

各フォーカス・レベルに対応するヘミシンク音の開発の裏には多くの人の時間と熱意と努力がある。

それでは、以下、それぞれの状態について説明したい。

フォーカス10

肉体は眠るが、意識は明らかな状態と定義される。普通は肉体が眠ると、意識も眠ってしまうが、フォーカス10は意識がはっきりと目覚めている状態である。

この状態ではさまざまなことが起こる。たとえば、自分の寝息が他人の寝息のように聞こえたりする。肉体の感覚が薄れ、手や足がどこにあるのかわからなくなるということが起こる。

体の一部や全身が揺れるのを感じることもある。これは肉体ではない第2の体とモンローが呼んだ非物質の体が振動しているのである。この振動が大きくなると、肉体から自分が抜け出るという体外離脱が起こる。ただ、フォーカス10で体外離脱が起こることはまれで、通常はかすかな振動が感じられる程度である。

フォーカス12

知覚の広がった状態である。五感を超えて知覚できるようになる。

我々は誰でも五感以外の知覚能力を持っているのだが、それに気づいていない。それは覚醒状態では五感からの信号が強すぎて、それ以外の知覚能力からの信号がその中に埋もれてしまうからだ。

それが、肉体が深くリラックスしてくると五感からの信号が弱まり、結果的にそれまで埋もれていた五感以外の知覚能力からの信号が見えてくる。ちょうど昼に星が見えないのに、夜になり太陽が沈むと星が見えてくるようなものだ。

五感以外からの信号はいろいろな形で把握される。肉体としての五官は使っていないが、五感として知覚されることもある。たとえば、遠くの様子が〝見える〟、音が〝聞こえる〟、〝匂いがする〟という具合である。

また、直感、ひらめきという形で情報が来ることもある。ガイドに質問し、答えをもらうことがやりやすい状態でもある。

自分の意識が肉体から離れて他の場所へ行くということが起こることもある。移動は極めて簡単で、行き先のことを思うだけでいい。これは一種の体外離脱だが、フォーカス10で行なう体外離脱では肉体から出るという感覚を伴うことが多いのに対し、フォーカス12では伴わないのが普通だ。

フォーカス15

モンローはフォーカス15を時間のない状態と呼んだ。時間の束縛がないという意味である。時間の束縛から離れて過去へも未来へも自由に行くことができる。自分の過去世を知ることができる。

フォーカス15は初めて体験すると、まったく何もない、動きのない真っ暗な空間という印象を持つ人が多い。そのため仏教の「空」に近い状態だと言う人もいる。

また、自分の本質にアクセスすることができ、やすらぎと安寧の中にひたることができると感じる人もいる。

ここは創造的なエネルギーにあふれた状態でもある。すべての可能性を秘めた状態で、自分の意図を設定すると、それが物質界で実現される方向で宇宙が動き出すと言われている。

フォーカス21

この世とあの世を結ぶ架け橋、境界領域である。これについては後で死後世界を説明するときにお話ししたい。

フォーカス21を超えていくと、死後世界、あの世へと入る。フォーカス21までは物質世界、この世である。

フォーカス12で知覚が広がるが、それはあくまでも物質世界の中で広がっている状態である。フォーカス15で時間を超えるが、物質世界の過去や未来を体験する。

フォーカス21から先では、番号は飛び飛びではない。

フォーカス22は、肉体的にはまだ生きているが、こん睡状態にある場合や、ドラッグで意識がもうろうとしている場合に相当する。

フォーカス23から27までが死者のとる意識状態であり、そこには死後世界が広がっている。

こういうフォーカス・レベルに対応するヘミシンク音も開発されていて、我々はそれを聴くことで死後世界を体験することができる。

ヘミシンク体験プログラム

ヘミシンクを聴くと、覚醒意識から徐々に深い意識へと導かれ、しばらくその状態を体験した後、再びゆっくりと覚醒意識へと導かれる。全体で30分から45分程度である。この一連の流れをエクササイズとかセッションと呼ぶ。

それぞれのエクササイズには目的とする意識状態があり、それを体験できるようなヘミシンク音が選ばれている。

たとえば、フォーカス15を体験するためのエクササイズでは、覚醒状態（C１）から徐々にフォーカス10へとまず導かれ、そこをしばらく体験する。その後、フォーカス12へと進み、そこを体験した後、フォーカス15へと向かう。フォーカス15を10数分体験した後、フォーカス12、10を経由して、C１へ戻る。

モンローはフォーカス10からフォーカス21までを体系的に体験するためのゲートウェイ・ヴォエッジというプログラムを開発し、１９７０年代後半からモンロー研究所で開催してきている。これはモンロー研に宿泊して体験する５泊６日のプログラム

米国・バージニア州にある「モンロー研究所」

往年のロバート・モンロー

若き日のモンロー

である。

それ以外にも死後世界を体験するライフラインやエクスプロレーション27などいくつものプログラムが順次開発されて、今では10以上のプログラムが行なわれている。

私はモンロー研究所レジデンシャル・ファシリテーターとして日本語でモンロー研の公式プログラムを日本やモンロー研で開催している。

また、私の会社であるアクアヴィジョン・アカデミーでは1日、2日コースを日本各地で開催している。これは5泊6日の宿泊プログラムには参加できない人のために開発したコースである。フォーカス10、12、15、21それぞれを体験する1日コースや、フォーカス27を体験する2日コースなどがある。

詳しいスケジュールについて興味のある方は、アクアヴィジョン・アカデミーのウェブサイト（www.aqu-aca.com）を参照していただければと思う。

ヘミシンクＣＤ

ヘミシンクはＣＤという形でも市販されているので、個人的に家庭などで通常のステレオ・ヘッドフォンを使って聴くことができる。

「ゲートウェイ・エクスペリエンス」という6巻セット（CD18枚）は、ゲートウェイ・ヴォエッジを家庭で体験できるようにしたもので、フォーカス10から21までを体験できる。各巻について詳しく説明した『ヘミシンク完全ガイドブック Wave Ⅰ～Ⅵ』（ハート出版）も出版されているので、参考にしていただければ理解を深めることができる。

それ以外にも目的に応じて200種類以上のタイトルのCDやCDセットが販売されている。モンロー研究所やアクアヴィジョン・アカデミーのウェブサイトから購入することが可能である。

第3章　モンローの本との出会いと体外離脱体験

私は元から死後世界を訪れたり、亡くなった人と交信したりすることができたわけではない。ここ7、8年程前からのことである。それは2001年からヘミシンクという音響技術を本格的に学んできたことのひとつの成果と言っていい。

そもそもなぜヘミシンクを学ぶようになったのか、その辺からお話ししたいと思う。これまでにも『体外離脱体験』（幻冬舎文庫）や『死後体験』（ハート出版）でその辺については書いてきたが、これらが出版されてもう十年以上になる。

そのため最近セミナーに参加する人から「坂本さんはどうしてヘミシンクを始められたんですか？」と聞かれることが多くなった。そういうこともあるので、ここで経緯についてまとめてみたい。

私は小さいときから死がとてつもなく怖くなることがあった。今でも覚えているのだが、夜、真っ暗な部屋でひとりで布団に入って寝ようとしているときに、寝られずに考えごとをする。

「50年、あるいは80年先かもしれないけど、自分はいつかは必ず死ぬんだ。自分がなくなってしまうんだ」

「今までに例外はひとつもなく、みな必ず死ぬ」

こう思うと、自分が真っ暗な中へ落ちていった。そこは希望の二文字の消える世界。つまり絶望の世界だった。

そこでしばらくもがいていると、何かの拍子にそこから抜け出せる。すると何ごともなかったかのように、普通の心境に戻るのだった。

このように子供のころは、普段は死の恐怖なんかまったく感じなかったのだが、ときとして猛烈な怖さを感じることがあった。

大人になるに従い、このような体験はなくなったが、死の恐怖がなくなったわけではなかった。他のことに忙しくて、普段は忘れているだけだった。死の恐怖をなくしたいという思いは常にあった。

そういったこともあったので、後に臨死体験者の語る内容に興味を覚えるようになったのは自然な成り行きだった。

1977年に東大の理学部物理学科を卒業後、半導体エンジニアとしてソニーで働くようになった。

10年後、アメリカにあるベンチャーからオファーがあり、そちらで働く決意をして、87年5月に一家でカリフォルニア州サンノゼ市に移住した。ここはいわゆるシリコンバレーの中心地で、ハイテク・ベンチャーが軒を並べるところである。サンフランシスコから南に車で1時間ほどのところにある。

子供3人を抱えて小さなベンチャーに行くなんて無謀じゃないかという声もあったが、父は私の意思を尊重し、後押ししてくれた。

今では考えられないだろうが、ソニーを辞めるには社内の大きな抵抗に会った。部長や事業部長、はては人事部の人まで総出であの手この手で引き止める。最後には脅しにかかってきた。

「アメリカに行って数年で帰ってきても、電気会社の人事部はつながってるから、電気会社へは就職できないと思ったほうがいいぞ」

ある意味ありがたいものだと思った。これだけの抵抗を乗り越えてでも行く意思を自分は持っているのか試してくれたからだ。安易な気持ちで行っても失敗するのは目に見えている。そういった障壁を乗り越えて無事（？）カリフォルニアに行けたのは87年の5月だった。

その会社は創業4年ほどで、従業員数は50名弱、成長盛りのベンチャーだった。社名はスペクトラ・ダイオード・ラブ（後にＳＤＬに改名）という。最先端の高出力半導体レーザーの開発、生産を行なっていた。

社内には若手の優秀な研究者が多数いて、活気に満ちていた。彼らは単なる研究ではなく商品化に力を入れていた。そこが大企業とは異なり、ベンチャーらしかった。

当たり前のことだが、この会社での業務はすべて英語でなさなければならない。ソニーの社内留学制度でカナダのトロント大学の修士課程に1年行ったことがあったので、ネイティブの英語にはある程度慣れていたが、やはりネイティブどうしが議論し合うと、ところどころついていけなくなる。ただ、慣れとは恐ろしいもので、次第にそういった問題もなくなっていった。

またエンジニアとしても世界最高出力の半導体レーザーを開発したり、国際学会で毎年のように発表したりと実績を上げることができるようになった。

渡米して2年後には会社が手配してくれてグリーンカード（米国永住権）が取得できた。

そのために会社はわざわざ弁護士を雇い、地元の新聞に私のポジションで求人広告を出して、アメリカ人には該当者がいないということを証明する必要があった。アメリカまで連れてきて、そのままポイと捨ててしまう企業もあることを考えれば、この会社には大いに感謝している。

実際、私と同時期にアメリカに渡った人が3年程で会社が倒産して困っていると人づてに聞いたことがある。私はラッキーだったのかもしれない。80年代末から90年代初め、日本がバブルに沸いていたころ、アメリカの景気は最悪だった。巷《ちまた》には壊れたおんぼろ車が溢れていた。

そういう中でも、ＳＤＬ社は年率20％の成長を維持することができた。ベンチャーとしては成長率が小さいが、この期間を生き延びたことは、その後の大躍進の基礎を固める上で大きかったと思う。

家族はと言うと、アメリカでの生活や学校にも慣れ、徐々にエンジョイできるようになっていた。渡米時に長男は7歳、二男と三男は3歳と2歳だった。長男は地元の公立小学校に入った。

日本人学校には元々行かせるつもりはなかったが、週末にだけ行くことは可能か問い合わせたところ、日本人学校は帰国することを前提にした人が対象で、帰国の予定のない人は入れないとのことだった。日本には未練がなかったので、それでもよかった。

アメリカの学校は移民が多いので、英語が母国語でない子供たちのためにESLというクラスがある。子供たちは毎日何時間か通常のクラスからESLのほうへ移り、英語を学ぶ。

これは非常にうまくできた仕組みで、子どもたちはあっと言う間に英語ができるようになった。

長男は日本にいたときに小学校に1年間通ったが、あまりなじめなかった。それが、アメリカの小学校に行った初日、大喜びで帰ってきた。みなが優しくしてくれると。

日本の学校との大きな違いは、いじめる子がいると先生が厳しく対応するというこ

ＳＤＬ本社前の芝生にて。家族揃って記念写真

と。先生が善悪の規律をしっかりと示し、悪いことをした子は校長先生と昼ご飯をいっしょに食べなければならないというふうな決まりがある。規則を守った上での自由だということを小さいときに身につけさせるのだ。

アメリカの学校は地域差が大きいので一般論としては言えないかもしれないが、少なくともカリフォルニア州サンノゼ市の我々の住んでいた地区の小学校は良かった。

そういうこともあり、アメリカに渡って本当に良かったと心の底から思うようになった。

33歳で庭付き一戸建てに住み、毎晩7時には家族団らんができる。しかもカリフォルニアは毎日五月《さつき》晴れ、抜けるような青空だ。仕事から帰った後、バックヤードでワインを飲んだり、

子どもとサッカーボールを蹴ったりする。

こういう生活は日本では得ようと思っても、難しいものだった。ところが、地元の人は金持ちでなくても、みなこういう生活をエンジョイしているのだ。

朝早くから満員電車に揺られ、夜遅くに帰宅する日本（首都圏）での生活との差に何とも矛盾を感じた。


少し余談になるが、この会社での面白いエピソードをいくつか紹介したい。
●同僚のショーンが休暇をとったときのことだ。パティーションで囲われた彼のスペースへ行くと、机の上に1枚の紙が置かれていた。通常そこには休暇中の連絡先が書かれていて、「Do not hesitate to contact me（何かあったら遠慮なく連絡してください）」と書かれているものだ。ところが、よく見ると、「Do hesitate to contact me（遠慮してください、連絡するのは）」とあった。
●マネージャーのビルのスペースの壁には箱がかかっていて、その中にネクタイが入っているのが表面を覆うビニールを通して見える。その箱には次の文が書いてある。

「緊急事態にはこれを使うこと」

警報機の押しボタンがよくこういった箱に入って壁にかかっているのだが、それをまねたデザインなのだ。

マネージャークラスでも通常はノーネクタイなので、突然の来客で困ることがあるが、そういうときに使えという意味だ。
●上司のリチャードがビジネス会議のために東部の大手企業を訪問することになった。会議は月曜なので、週末は観光をしようとリチャードはTシャツに半ズボンで出かけた。ところが、航空会社の手違いでスーツケースは月曜の夕方まで送られてこないことになった。仕方なく月曜の朝、その姿で先方を訪問した。すると、
「カリフォルニアがカジュアルだと聞いていたが、ここまでとは知らなかった！」

とダークスーツに身を固めた先方のお偉いさん方に言われたそうだ。
●同僚のデーブといっしょに昼食を食べていると、社長がやってきて、
「Did you get arrays?　ディッジュー・ゲッタレイズ？」

と聞いてきた。Arraysとは、高出力半導体レーザーのある種の構造を言う。デーブが開発中のレーザーのサンプルができたかというような質問だ。

ところが、デーブはこれを、

「Did you get a raise?　ディッジュー・ゲッタレイズ？」

と聞いてしまった。「昇給したか？」という意味である。

社長からこう言われて喜んだデーブは、「昇給するんですか。まだ聞いてませんでした」と返した。その段階で、意味を取り違えてることに社長が気がつき、「まったくデーブはいつも金のことしか考えてないんだから」と苦笑いされてしまった。

英語にも同音異義はあるのだ。日本語にはたくさんあり、ダジャレを言うのが簡単だが、英語でダジャレを言うのは難しい。同音異義の言葉が日本語よりはるかに少ないからだ。


話を戻そう。

少し落ち着いてきた89年ごろ、前から興味を持っていた臨死体験についての本を読み始めた。この分野の金字塔的なレイモンド・ムーディの本など片っ端から読んだ。死んだらどうなるのかが知りたかったからだ。

興味を惹かれたのは、臨死体験者の中に「光の存在」に会う人がある程度の頻度でいるということである。私は仏教にも興味を持っていたので、これはもしかしたら仏ではないかと思った。

こういった本を読み進めるうちに、臨死体験しなくても、健康な人でも似たような体験をすることがわかってきた。意識が肉体から離れる、体外離脱と呼ばれる体験である。そこで、体外離脱について書かれたロバート・モンローの本（当時は2冊のみ）を夢中になって読んだ。

そこには驚くべきことが記述されていた。体外離脱に至る過程や体脱後に起こった出来事、光の存在との遭遇、死後世界訪問など。

臨死体験をしなくても、こういった体験ができるのである。死後世界を知りたいという強い思いを持っていた私は、これは何が何でも体外離脱しなければと思った。

衝撃だった初めての体外離脱体験

モンローの本に体外離脱の方法が書かれていたので、それを実践してみることにした。ところが、私はベッドに入るとものの2分もしないうちに寝付くほうなので、まったく成果は出なかった。

そのため、そのうちそういった興味も薄れ、体外離脱を試みることもしなくなった。数か月たったある土曜の朝、目が覚めると自分が通常とは異なる状態にいることに気がついた。自分の寝息が聞こえるのだ。意識ははっきりと目覚めているのに、肉体は完全に眠った状態にある。さらに、全身がゆらゆらと波打っているのである。以下、拙著『体外離脱体験』(幻冬舎文庫)からとる。

私は、これは、以前本で読んだことのある、体外離脱の前段階にまちがいないと思った。意識と体の分離が、始まっているに違いなかった。心の中での興奮を抑えて、いろいろ試してみることにした。まず脚を伸ばしてみた。脚はどこまでも伸びて行くように思えた。五メートルから十メートルも伸びたように感じられた。ところが、少し意識すると瞬時に元に戻ってしまった。

次に頭のてっぺんの方から、どんどん先へ背伸びをするように伸びてみた。どのくらいか皆目見当がつかないが、大分伸びた。恐らく四、五メートルも伸びただろうか。ところが、やはりまた瞬時に元へ戻ってしまった。

私の意識は依然、明らかだった。これは夢でもなければ幻覚でもないという確かな自覚があった。これが夢との大きな違いだ。

体は相変わらず茫として把握できない。大きく膨れてしまったようで、波打っているようでもあった。意識するかしないかで、変化するようでもあった。ただ背中のあたりはまだ、ベッドの上にしっかりある感覚がした。

ここで寝返りをうてば体から抜け出せると、以前読んだ本に書いてあったことを思い出した。そこで、寝返りをうってみた。といっても肉体でではなく、中身でである。中身という表現を使ったが、肉体ではなく、肉体から分離した私自身というか、肉体の中に存在している、普段は肉体と一体化していて気がつかないが、実は肉体とは別物の、私自身である。

中身をするっと左回しに回すとうつ伏せになれた。体でうつ伏せになる時のように手を使う必要はなかった。右肩を持ち上げて捻ると回転できた。が、体からは抜け出せなかった。このうつ伏せの状態というのは、まるで巨大なプリンの上にでも乗っているように不安定で、一定の姿勢に留まっているのが難しい。私はうつ伏せの状態で、もっといろいろ試したくなったが、そうこうするうちに呼吸が乱れてきた。そしてつい意識過剰になり、この状態を維持できなくなって、瞬時に体が目覚めてしまった。

私は一人興奮していた。体からこそ抜け出せなかったが、体とは独立した、私自身、あるいは私の意識とか精神とでも呼ぶべき存在があることを、今はっきりと把握したのだ。

体の中で、するっと回転して、うつ伏せになったのは「私」である。今までずっと、いつも私だと思っていたあの「私」である。それが肉体とは別に体の中で回転したのだ。つまり、肉体の方は私ではなく、単なる容器のようなものなのだ。

これはショッキングな体験だった。私の人生観、世界観、宇宙観はこの体験で一変した。肉体から独立した「私」が存在するのだ。私はこれを信じているのではない、知っているのだ。

この体験をしたのは90年、36歳のときである。その後も、同じような体験を何度かした後、いよいよ体から抜け出る。ただ、初めの何回かは抜け出た後、床の上を這って行くような体験で、5メートルも行かないうちに体に引き戻されてしまった。巨大なゴムひもを一生懸命引っ張っていくような感じで、ちょっと気を抜くと一瞬で体へ戻ってしまうのだ。

そういう体験を何回かした後、90年12月31日に次の体験をした。『体外離脱体験』からとる。


昼食を終えた後、急に眠くなり、ファミリー・ルームのソファーに横になった。強い眠気に誘われてソファーに身を沈めると、すぐに、体がどろどろに溶けてしまうような感じがした。体の境界がどこにあるのか判然としないあの感覚。しかし意識は未だに明らかなのだ。私は体脱ができると直感した。

まず右腕を上げてみた。肉体のそれではない。「中身」である。きらきら輝く右腕が顔の上に見える。見えると言っても、目で見ているのでは勿論ない。目はあくまで閉じたままなのだから。次に左腕を上げて、両手を合わせてみた。光輝く両腕が目の前に見えた。腕は何本もの縦横に走るプラチナ色の線で、構成されていた。両手は、あたかも肉体の手を合わせた時と全く同じ感触で、合わすことができた。

次に、呼吸に合わせて脚の上下振動を大きくし、その振動が全身に波の様に行き渡る。そして左回りにぐるっと体をよじり、うつ伏せになった。その瞬間、体から上に抜け出た。下向きに前屈みになって体の上、五十センチばかりのところに浮かびあがっていた。ゆっくりと私は下に降り、かかとから床に降りた。その時カツンと音がした。（実際に音がしたのではない。そう聞こえた。）

ファミリー・ルームの隣にはガレージがあり、その間にはドアがある。アメリカの家は家の中にガレージがあり、家の中からガレージに出入りできる。私はドアを通り抜けて、ガレージを通りフロントヤードに出た。移動は極めて簡単だった。というより、瞬間的に次の場所に移っていた。

視界はあまり広くない。三十度位か。視野の端は暗い。白黒に薄く色が付いた程度で、肉眼で見る程の解像度も色彩の鮮やかさもない。全体にビリビリした感じで、ちょうど電波障害にあったテレビを見ているようだ。

フロントヤードの一番先、歩道との境にバラの木がある。そこまで出た。私は地上1・5メートルぐらいのところに浮いていて、家の方を見ていた。

すると、次男が自転車に乗って、私のすぐ目の前を通り過ぎた。勿論、私には気がつかない。次男は黒っぽい服を着ている。次男の持っている特有の雰囲気（陽気で好奇心が強くとても愛らしくて、でも少しおっちょこちょい）を私は感じた。

次の瞬間、私はガレージの中に戻っていた。ちょうどガレージの端の自転車を置いてある所にいる。次男が自転車で帰って来て、ちょうど目の前で自転車を止め、自転車から降りてきた。私は地上50センチぐらいのところにいたので、次男は私の上に降りてくる格好になった。私は少しビックリしたが、何ということも無く次男は、私のことを通り越えて行ってしまった。その間、次男は私のことには全く気づいていなかった。

次の瞬間、私はソファーに戻っていた。ドアや壁を通り抜けた感覚はなかった。ともかく一瞬に移動が起こる。ドアが開いて次男がガレージからファミリー・ルームに入ってきた。私は体の中に戻っていた。そして、肉体の目を開け、体を起こして次男を見た。次男は紺のタートルシャツに黒のジーンズを着ていた。

「今、何をしてたの」

と、聞くと、

「自転車に乗ってた」

と次男は言った。私は今見てきたことが事実であることを確認した。

私はこれまで体脱を経験してきても、いつも夜中か早朝で、事実関係を確かめることができなかった。自分に起きたことが本当なのか否か、外から客観的に判断する手段がなかった。自分では確かな経験だったが、もう一つ自分でも客観的証拠のような物が欲しかった。ところが、今度は別だった。初めて実際に体脱している根拠を自分なりに得ることができた。

一連の体外離脱体験は私にとって衝撃的だった。私はそれまで大学で物理学を専攻したくらいの徹底的な物質論者だった。世の中のすべてのことは物質と物質的エネルギーで説明できると信じて疑わなかった。今説明できていないことも、今説明できないだけで、物理学が進歩すれば説明可能だと思っていた。

ところが、体外離脱体験はこういった信念を根底からひっくり返した。こういった考えは誤りであることを知ったのだ。

我々は肉体ではない。肉体とは独立に存在する非物質の存在である。私はそれを信じているのではない。知っているのだ。

太陽を見たことのある人は「太陽があることを信じる」とは言わない。「知っている」

と言う。信じているうちは疑いがあるのだ。知っている段階には疑いがない。「信じている」のと「知っている」のには雲泥の差がある。

その後も2年ほどの間に頻繁に体外離脱を体験した。ところが、死の恐怖はなくならなかった。自分が肉体から独立して存在するということは、肉体の死後も自分は存続するわけである。だから、それを知ったということは、死んでも自分は生き続けるということを知ったということである。

そうならば、死の恐れはなくなりそうだが、そうはならなかった。

どうも、死んだ後につらい苦しい体験をするということを魂が知っているとしか言いようがなかった。死んだ後に真っ暗なところに来て、「死んだら毎回ここに来るのに、どうしてすっかり忘れていたんだろう」と言っている自分のかすかな記憶がある。だから、死が怖かったのだ。

モンローによれば、死の恐怖は死後世界を隈なく探究し、自分にとって未知が既知に変われば自ずと消失するという。

そこでモンローがしたように、体脱したときに死後世界に行こうと試みたが、行けなかった。体脱して行くのは物質世界内のどこかか、あるいは夢の中と思しき世界なのだ。家の近辺なら歩いて行ったほうが確実だし、夢の世界は支離滅裂で、そこから学ぶことはあまりないように思えた。

過去世を追体験

その後、体外離脱とは関係ないが、いくつか重要な体験をした。
まず91年5月12日、日曜日の朝のことだ。夢を見た。以下、『死後体験』からとる。

夢の中、ディズニーのようなアニメを家族で見ていた。偉い僧侶が小さな恐竜のような動物を二匹殺し剥製を作った。高僧はこれを民衆に見せて、宗教上の見せしめにしようと考えていた。つまり悪いことをするとこうなるぞと見せつけようと思ったのだ。翌朝、民衆を呼び集めると、この剥製といっしょに高僧は皆の前に立った。高僧の立っているところはまわりから一段高くなっていて民衆からよく見えるようになっていた。高僧が民衆にいざ話し出そうとしたそのとき、一方の剥製の前足の部分がパッと開くや、中から仏様が現れた。小さな5センチばかりの仏様ではあったが、雷のような大音声を発せられた。

「馬鹿者めが！　生き物を二匹殺しておいて、見せしめも何もあるか！」

仏の大喝は僧のはらわたを貫き通した。高僧はその場に泣き崩れた。「私は大馬鹿者だった。私ほどの悪い人間はいなかった！」

アニメのナレーションが高僧はこの瞬間に悟りを開いたと語った。そして読経が続いた。

　不思議なことに、私はこの仏様の言葉を自分のこととして聞いてしまった。自分が仏様に怒鳴られたと思った。その瞬間に様々なことを悟った。
・太古の昔からその存在（そのときは仏様だと思った）は私のすぐそばで私のことをずっと見守ってくださっていたこと。
・そうとは知らず本当に申し訳ないことをしてきたこと。
・何が罪だと言って、これを知らないこと以上の罪はないこと。
・人を千人殺したってこの罪には遥か及ばないこと。
何だかもったいなくて、うれしくて涙が後から後から出てきて、遂に鼻血が出た。その後一週間ぐらい、見るもの聞こえるものすべてが愛らしく、アリを見てはアリががんばって生きているのが何ともせつなく涙し、ダイアナ・ロスの歌を聞いては泣けてきた。

後でわかったのだが、この夢は、中国で仏教（浄土系か）の僧侶をしていたときの過去世の自分を追体験したものだった。

もう一つは別の過去世の一端を垣間見た体験である。仕事で日本へ行く飛行機の中でのことだ。

当時読んでいた過去世についての本『Life between life』に、過去世の記憶を呼び覚ます方法が載っていた。それは天空の神殿という方法で、テンプル騎士団に伝わる方法だという。空高くに過去世の情報が保管された神殿がある。そこまで行き、そこにいる老人に案内してもらって、情報を受け取るというもの。

この方法を暗い機内で試した。すると以下の体験をした。『体外離脱体験』からとる。

突然、南国の浜の波打ち際で泳いでいる自分に気がついた。夢のようで夢でない。まばゆいばかりの日の光が青い水を透って底の岩の上に波の縞模様を作る。

まるでイルカになったみたいに自由に泳ぎ回る。ふと見ると手、そして体は褐色をしている。ポリネシア系なのか。二十にも満たない年齢だ。隣に少女が寄り添うように泳いでいた。彼女はおれのいいなずけだ（現在の家内でもある）。ふたりでじゃれあって泳ぐ。幸せだ。

この南国での過去世はその後、重要な意味を持ってくる。それがわかったのは、2001年になってゲートウェイ・ヴォエッジとライフラインに参加してからだ。

帰国

その後、1995年に帰国することになり、日本での生活の立ち上げに忙しくて、次第に体脱のことには意識が向かないようになった。

帰国した最大の理由は、子供たちのアイデンティティがあやふやになってきたことがある。日本人なのかアメリカ人なのか、どっちつかずの根無し草になりかかっていた。アメリカ人からは日本人と思われ、日本人からは日本語が変なので日本人とは思われない。日本人のままグリーンカードを持ってアメリカに住むことは限界に達していた。

そういう思いを強く持ったのは１９９０年から91年の湾岸戦争のときだ。子供たちは米軍に志願したいという勢いだった。ちょうど第２次大戦中に日系人が志願してアメリカのために戦ったのと同じ心境だ。自分がアメリカ人であることを実証しないと、生きていけないという雰囲気だった。

特に日本政府のとった態度がアメリカにいる日本人の立場を悪くした。うちにも嫌がらせの電話がかかってきた。

このままアメリカに居続けるなら、アメリカの市民権をとってアメリカ人にならないと子供たちにとって良くない、そう思い始めていた。だが、自分はアメリカ人になる気はあるか、そう自問せざるをえなかった。

出した結論は、自分は日本人だということ。そして、子供には日本人として育ってほしいということだった。

そこで帰国を決意するのだが、そう簡単には帰れない。仕事はない、住むところはない、子供の学校はどうするのか。子供たちは日本人学校には通ってなかったので、日本語の読み書きはできなかった。家内は大反対だった。

「やっと8年かけて子供たちもこちらの生活に慣れてきたのに、何よ、今度は帰国なの。いつもこうなんだから。アメリカに行くときも勝手に決めて、家族はすごく苦労したのに」

ただ、家内は私が決めてしまっていることはわかっていた。

仕事については、SDL社の社長と掛け合って日本での販売をプロモートするポジションを作ってもらった。日本の代理店に常駐して、日本の顧客開発やサポートをする立場である。

住むところについては家内の実家にしばらくいて、その後、建てることにした。

最大の難題は子供の学校だった。長男のために最初に面談に行った私立中学では、「あなたのお子様は帰国子女じゃなくて外国人ですね」と言われた。結局、地元の市立の中学に入れることにした。住んでいる人は無条件に入れるからだ。二男と三男は帰国子女枠のある大学付属小学校に入ることができた。末の娘は幼稚園なので問題はなかった。

その後、1999年ごろからネットバブルと呼ばれる現象が起こる。私の勤めていたSDL社は半導体レーザーの専門メーカーだったが、光通信の増幅に使われる

980nm《ナノメートル》の高出力半導体レーザーを製造していた。当時、世界でこのレーザーが製造できるのは2社しかなかった。SDL社とIBMチューリッヒ研究所である。

そのため、SDL社の売り上げはうなぎ上りで上昇し、向こう2年間の製造分はすべて売れてしまうという状況になった。従業員数も2000名ほどまでになっていた（急速に成長したので、正確なところはわからない）。

そういったことを受けて株価も高騰し、私が87年の入社当時にもらっていたストック・オプションの価格の数百倍になっていた。株は何度も分配したので、実際のところ何倍になったかはよくわからない。

ストック・オプションを順次行使していき、結構な額が手に入ったので、2000年4月に46歳でリタイアすることにした。その年と翌年には日米で相当な額の税金を払わなければならなかった。マネージャー・レベルの私でこうなので、社長は数百億円分の所得があったという。製造ラインの人たちもベンツやBMWを持ったりしたので、SDL社の駐車場には高級車があふれていた。

私はなぜこれほどの額を手にすることができたのか、その後ずっと不思議だったのだが、モンロー研のプログラムに参加するようになってわかった。2つの使命を果たすために必要だったのだ。どういう使命かについては別のところで書いたので、ここでは繰り返さない。

モンロー研究所訪問

リタイアした後、しばらく自由を満喫していたのだが、前に興味を持っていた体外離脱をもう一度研究することにした。アメリカにいたときにヘミシンクのテープを購入していたので、これも試してみることにした。

ヘミシンクは90年ごろに試していたのだが、体脱の直前に体験する「振動状態」とは少し異なる状態へ導かれるような気がして、あまり聴いていなかった。当時は、こういったものに頼らなくても体脱できていたこともある。

今度は久しぶりなので、何もしなければ体脱できそうになかった。そこでヘミシンクを少し真面目に聴いてみることにした。

するとフォーカス12を聴いているときに不思議な体験を何度かするようになった。フォーカス12とは知覚が通常の五感をはるかに超えて広がる状態である。その一つはこんな体験だった。『死後体験』からとる。

朝6時に起き、モンロー研のテープを聞く。ちょっとうとうとしながら15分ぐらい聞いていた。ところどころ夢見状態で、聞き逃すところがあった。すると、突然家内が北のほうから低空ですーとやってきたかと思うと、そのまま体の中にさっと入ったのがわかった。家内はすぐにガバッと起き上がると布団から出て行った。この間、私は左を向いていて家内には背を向けていた。姿や何かが視覚的に見えたのではない。気配を感じたというのが適切だ。3メートルぐらい離れたところからヒューッと飛んできたのがわかった。その前はわからない。後で家内に聞くと、うとうとしていたと言う。

こういった体験があり、ヘミシンクには何かある、これはもっと徹底して調べたほうがいいと思った。そこで、アメリカのモンロー研究所で開催されるヘミシンクの体験プログラムに参加してみることにした。

ヘミシンクを聴けば、死後世界を体験できるというのも行きたくなった理由の一つだ。前にお話ししたように、私は死の恐怖から死後世界を詳しく知りたいと思っていた。そこを訪れれば、死の恐怖は軽減できるのでは、と考えたのである。

死後世界を体験するモンロー研究所のプログラムはライフラインと呼ばれる。真っ先にこれに参加したかったのだが、その前にゲートウェイ・ヴォエッジを受講しなければならない。そこでまず２００１年４月にゲートウェイ・ヴォエッジに参加することにした。

それが、これからの人生を大きく変えることになるとは、そのときは知る由もなかった。

このプログラムではフォーカス10、12、15、21を、それぞれに１日かけてじっくりと体験した。各フォーカスで興味深い体験をしたのだが、その中の特に印象的なものを紹介したい。

参加者にキャサリンという30歳ぐらいの美しい女性がいた。彼女は超能力者で、自在に体脱ができるという。

フォーカス12でのこと。彼女の香水の匂いが数秒ほど強烈にした。臭いはすぐに消えた。後で、彼女が言ったところによると、体脱して全員の部屋を見て回ったとのことだった。私は彼女を香水の匂いという形で知覚したのだ。

また、フォーカス15（時間の束縛を離れて過去でも未来でも自由に行ける状態）で、前に追体験したことのある南国での過去世について見せてもらうことにした。そのときの体験を『死後体験』からとる。

フォーカス15に到達すると、さっそくあの過去世に行こうと思う。ガイドに連れてってくれと頼む。ガイドとは守護霊とかハイヤー・セルフと呼ばれる高次の意識存在である。各自に最低数人いると言われている。モンローによれば何人もいる過去世の自己の中で、霊的に進歩した人たちということである。

私はこのときガイドの存在を信じていたわけではなかった。

ところが驚くことにちょっと太目の黒人女性（30～40歳）が現れて私の前を飛んでいくのだ。ガイドが黒人なのはさらに驚きだった。彼女は向こう向きで、私は右斜め後ろから彼女を見ている。何か羽が生えているようにも、何かの機械に乗って飛んでいるようにも見える。彼女はこちらを見て微笑んでいる。

森の上を越え、トロピカル・ビーチに着いた。映像は非常にクリアーで驚くほど色鮮やかだ。大勢の褐色の肌の人が見える。上半身が裸で、腰にアシのようなものでつくったものをまとっている（ハワイアンが付けているもの）。何かの儀式なのか、大勢人がいる。海の中に入っている人もいる。皆同じ方向を見ている（こちらのちょっと右方向）。次々に鮮やかな映像が見える。海辺に建つ藁葺の家がいくつも見える。特に感情は伴わない。目の前にスクリーンが広がり映画を見ているような感じだ。茶色の岩肌。青い海。自分は5歳ぐらいの子供の感じがする。鮮やかな映像が見えるだけで、この過去世についてそれ以上の情報は得られない。

ゲートウェイ・ヴォエッジでは、セッション中の体験もさることながら、夜、時差ボケで眠れず、ウトウトしているときに、重要な体験をいくつかした。

一つは、夢の中にキャサリンが現れて私の右手を引っ張ったという体験。目が覚めたら指先に痛みがあった。後で彼女が言うには、みながあまり体脱したいというので、夜、彼女は体脱して全員の部屋に行き、みなの腕を引っ張ったとのこと。それを私は夢の中で知覚していたのだ。

後でキャサリンに聞いた話だが、彼女がやるのは純粋な体脱ではなく、バイ・ロケーションだという。つまり、意識の一部を体の中に残したまま、一部を別のところへ持って行くのである。

私にとってこの体験は二つの点で重要な意味を持っていた。

まず、バイ・ロケーションということが可能であることを実証した点。実際、モンロー研でヘミシンクを聞いて私が体験したのもこれであった。つまり意識は体の中にありながら（つまり体の感触が十分残ったまま）、意識の一部が別のところに行く体験である。

もう一つは、これが別の人が意図的に体脱しているのを見た私としては初めての体験であるという点である。個人的に体脱体験の実証がさらに一つ増えた。これは万人に提示できるという意味での客観的な証拠とはならないまでも、自分自身にとっては確実な実証であった。

時差ボケでウトウトしているときにした重要な体験の二つ目は、ガイドに関するものである。

ガイドは普通さまざまな姿をとって現れる。聖人や神仏、菩薩、天使という姿をとる場合もあるが、ごく普通の人や動物の姿をとることもある。具体的な形をとらないことも多い。

たとえば、光、虹、特定の色の流れ、回転する渦など。さらに、こういった視覚イメージはまったくなく、単に声が聞こえたり、考えが伝わってくるという場合や、自分の体の中をエネルギーが流れるので、来たことがわかるということもある。

ゲートウェイ・ヴォエッジで、実は、フォーカス12でガイドらしき存在を見かけてはいた。自分はボートのようなものに乗っていて、その舳先《へさき》の部分に銀色の球があるのだ。それは直径50センチほどで、回転している。いぶし銀のような色で、光り輝いてはいなかったので、そのときは「何だろう?」と思うだけだった。後で、「ガイドだったのかな?」と思うようになった。

ガイドと初めて会話をしたのは、最終日の早朝ウトウトしていたときだ。『死後体験』からとる。

ガイドが話しかけてきた。

「やっとコミュニケートできるようになってうれしい」

「これって本当か?」

「今までも存在を示そうとしたことがあった」

「600ドル儲かったときか」

以前レーク・タホでスキーをした際、夜ギャンブルで600ドル儲かったことがあった。スロットマシーンをやっていて、まったく儲からないので、「仏が存在するなら証拠を見せてくれ」なんて言ったら、突然どんどん出だしてマシーンの上のランプが光りだした。次にマシーンを代えてやったらまたランプがついた。

「そうだ」

「でもあのときは仏かと思った」

「仏？　ガイドと同じだと思う」

「違うはずだ」

「600ドルはガイドがやったことだ。コンタクトは夜が簡単だ。直接できる。今みたいに。昼間はフォーカス12に行かないとだめだ。精神集中が必要。ガイドがフォーカス12まで降りてきて、あなたがフォーカス12まで上がってきて初めてコンタクトできる」（これはどっちかというと言葉ではなくイメージで情報を得た）。

この会話は本物か。

「そうだ」

「確信が持てないが」

「腰の痛いところを治してほしいか」

「もちろん」

すると、上から二羽の白く輝く（背景は黒）小さな鳥（ハトみたい）が降りてきて体内に入った。次々に二羽づつ入ってくる。5センチくらいの大きさだ。

「すぐに治してあげよう」

「本当か。治れば確信が持てる」

「ちょっと時間がかかるかもしれない」

「なんだ、初めからわからなかったのか」

「入ってみないとわからない」

ユーモアを感じた。

「ところで第3の目が開いたか」

「まだだ」

「いつ開く」

「You'll see.（そのうちに）」

「それ以外のチャクラも開くのか。全部開いてほしい」

「順番にゆっくりと。そのうち」

「もう起きて記録を取っていいか」

「まだやることがある」

「何だ」

「キャサリンを癒しに行こう」

「そんなことできるのか」

「できる。これは自分自身を癒すことにもなる。ついてきなさい」

フォーカス12に上がる。そのままキャサリンにズームインする。キャサリンは座禅のポーズで寝ている。私はキャサリンの上のほうに浮いている。ガイドは見えない。

「どこが悪いと思う」

「子供のときにセクシュアル アビューズ（性的虐待）を受けている」

私はキャサリンに話しかけた。

「あなたは愛されているんだよ。あなたの言葉で言えば神に。自分を許しなさい。自分を愛しなさい……」

キャサリンは目を上げてこちらを見て言った。

「ありがとう」

「うまくできたじゃないか」

「本当かな。もう起きて記録を取っていいか」

「ＯＫ」


このようにゲートウェイ・ヴォエッジでは多くの驚くべき体験をした。その結果としてわかったことを列挙すると、

（１）ヘミシンクを用いると変性意識状態を体験でき、さまざまな超常的体験が可能だということ。
（２）人は肉体を超える存在だということ。

（3）過去世があること。
（4）ガイドが存在すること。

このうち（2）については体外離脱体験によって前から確信していた。それに対して、（3）と（4）については、ゲートウェイ・ヴォエッジを終えた段階ではまだ疑う心があり、確信するというところまでには至らなかった。

ゲートウェイ・ヴォエッジでどういう体験をするかは人により大きく異なる。後でお話しするが、フォーカス21で亡くなった知人に会うという体験をする人もいる。私はそういう体験はしなかったが。

ライフライン参加と初めての死後世界体験

ゲートウェイ・ヴォエッジでの体験が非常に意味深いものだったので、2か月後には念願のライフラインを受けにモンロー研に舞い戻っていた。もちろん死後世界を体験するためだ。

感激だったのは死後世界のさまざまな領域やそこにいる人たちを実際に見ることが

できたことである。死後世界については後で詳しくお話しするが、モンローのフォーカス・レベルで23から27までに相当する。番号が小さいほど物質世界（この世）に近い。

最初にフォーカス23を訪れたときの様子を『死後体験』からとる。

何か見えるのか心配だったが、カラフルな映像が次から次へと出てきた。あんまりたくさん見えるので、これは本物かどうか心配になったくらいだ。

まずフォーカス22。暗い森の中、うっすらと霧のかかった中を、大勢の人が向こう向きに黙々と歩いている。

フォーカス23に移動するにつれ、あたりは暗くなるが、まだ大勢の人が歩いているのが見える。いくつもの映像の後、南北戦争の南軍兵のような兵士が数百人並んでこちらを見ているのが見える。

ついで知人のSさんのところに行けたら行きたいとガイドにお願いする（フォーカス23にいるような気がした。何か問題があるのなら行かなくていい）。移動がある（数本の線が見える）。十秒ほどして、暗い平原に無数の石が立っているのが見えた。いろいろなサイズ、高さだ。よく見ると、それぞれは人のような形をしている。石化した人間か？　悲しみがあたりを覆っている。この状態に閉じ込められてしまったのだろうか。

フォーカス23には多くの人が囚われている。そこから救出し、より自由なフォーカス27と呼ばれる領域まで連れて行くのを救出活動という。ライフラインではフォーカス23から27までを一通り探索した後、救出活動を行なう。救出活動を行なうことで死後世界に慣れてゆくことができるのだ。

私はフォーカス23に囚われていた二人を救出することができた。ひとりは南国の島の海岸で岩の下敷きになって死んだ過去世の自分だった。この救出については後でまた詳しくお話ししたい。

もうひとりは18世紀頃のオランダ人の海賊だ。その救出について『死後体験』からとる。

海に入る。海水は白っぽい緑。色が変わって青になった。石の壁が見える。底まで潜る。10メートルほどか。気がつくと左手のほうに船がいく艘も並んでいる。全部幽霊船みたいだ。何時の間にか水はない。船の一つに近づく。

「誰かいますか」

船首のほうから中へ入ろうとする。直径一メートルほどの中空の木の筒の中へ入っていくような映像になる。前方に人の気配を感じる。イメージが定まらないが誰かいるのはわかる。非常に恐い。もう帰ろうかと思う。幽霊みたいな感じがする。

「あの、誰かいますか」

「幽霊ですか」

すると、声がして、おれは幽霊だと言う。とっさに、先ほどのミーティングのことを思い出した。参加者のマーギーが幽霊に会って救出したと話していた。そのとき彼女が使ったテクニックを借用することにした。

「幽霊なんかしているのもう飽きたでしょう。もっといい仕事がしたくないですか」

「そうだな。昔は幽霊船を走らせて他の船の連中を怖がらせたもんだが、このところはそれもやってない。ぜんぜん人に会うこともなくなった」

「もっとおもしろいところへ行きましょうよ」

「そうだな。そんなことができるのか」

私は手を差し伸べた。幽霊が手をつかんだかどうかはっきりしなかったが、27へ行こうとガイドに合図した。上へ上がっていく。どんどんと。本当について来ているか心配だったが、目の前に常に形の変わる多面体状の存在がいた。馬に乗った人みたいになったり、ほうきに乗った魔女みたいになったりと、何かよくわからないものが存在していた。次第に空が夜空になり、星が美しく輝き出した。

「おもしろい！」

男は飛行を楽しんでいる様子だった。名前を聞いてみた。シュナイダだと言う。ファーストネームも言ったが忘れた（ピーターだったか？）。心を開くと男から次の情報が入ってきた。

オランダ人の海賊。１７９７年。これがどういう意味か不明。真っ暗な中に二人の顔が浮かぶ。一つは母。もう一つは姉か娘。この家族と何かがうまく行かなくて海賊になる。乗っていた船の映像（４本ぐらい帆のある結構立派な船で、船体は黒い）。船がしけで転覆し、沈没。自分が死んだことはわかっている。しばらくすると、下前方にポート（発着場）が見えてきた。全体に赤っぽい色。スターウォーズのエピソード5に出てくるクラウド・シティーの宇宙船発着場を彷彿とさせる形をしている。前に突き出た場所がある。そこに向かっていく。出迎えに5、6人が来ている。二人は背が低い。海賊は何時の間にかポートに降りていて、左のほうにいた一人と抱き合っている。海賊は全身を覆う大きな毛布みたいなガウンをまとっていて、頭には棒がたくさん突き出た帽子をかぶっている。迎えに来た人達は17、18世紀のヨーロッパ風の服装をしている印象がある（よく把握できない）。海賊は他の人達と話しながら、奥のほうへと歩いていき、中に入っていった。

後でわかったのだが、この海賊は、私が過去世でオランダ人女性だったときの兄だった。

ライフラインでは死んだ人に会うという体験をした他、死後世界のいくつかの領域を見ることができて、死後世界の実在をかなり明確に実感することができた。

ライフライン以降、年3回のペースでモンロー研を訪れ、エクスプロレーション27やガイドラインズ、MC2、ハートライン、タイムライン、スターラインズなどさまざまなプログラムを受けた。

こういったヘミシンクでの体験を2003年4月に『死後体験』（ハート出版）として出版した。それ以降も体験を順次、本に著してきて、これまでで30冊ほどになった。

体験した具体的な内容は本に譲ることにして、それらを分類してみるとこうなる。死後世界体験、過去世体験、ガイドとの交信、地球外生命系の探索と自分の分身たちとの出会い、地球外生命体との交信、高次の生命体（神的存在）との交信、アセンションとその方法についての探究、古代史の謎の解明など。

このような体験を通して、私の人生観は大きく変化した。自分という存在が遥かな過去から存在し、地球だけでなくさまざまな天体で生きてきたこと、自分は大きな存在の一部として、こういった探索をしてきていることを知った。今では死の恐怖はまったくない。身軽になって、気軽になったと思う。ずいぶんと生きやすくなった。より自由になったように思う。

第4章　ヘミシンクが明らかにした死後世界

それでは死後世界はどういう構造になっているのだろうか。

この章では、モンロー自身の体験やモンロー研究所のプログラムに参加した多くの人たちの体験により明らかにされた死後世界の様子についてお話ししたい。

モンローの体験については彼の3冊の著書に書かれている。

モンロー研究所での死後世界体験を本に著した人は何名かいる。中でもブルース・モーエンはかなり詳細まで調べているので、彼の著作『死後探索シリーズ』4部作（ハート出版）は一読に値する。

私自身の体験については『死後体験シリーズ』（ハート出版）に詳しく書いたので、そちらを参照していただければと思う。

これまでに死後世界を体験するライフラインやエクスプロレーション27に参加した人は延べ人数で、米国で5千人、日本で5百人を数える。多くの方々が実際に死後世界を訪れ、亡くなった家族や知人に会ったり、話をしたりすることを通し、死後世界の実在を実感している。

これらのプログラムの参加者はごく普通のサラリーマンや家庭の主婦、会社経営者、個人事業主、教師、医療関係者、公務員、学生、芸術家、パートタイマー、フリーターなど広範にわたる。

彼らが参加した理由はさまざまだ。死後世界に対する好奇心から参加した人や、死に対する恐怖心を減らしたいという思いから参加した人もいる。

中でも多いのが、身内を亡くし、もう一度会いたい、どうしているか知りたい、という強い思いから参加した人たちだ。願いが叶い、それまでの深い悲しみやつらさから解放された人も数多く見てきた。彼らが涙ながらに体験を語り、喜びに満たされるのを目の当たりにすると、プログラムの主催者として、これらのプログラムをやってきて本当に良かったと心から思う。

以下にお話しするのは、モンローらの先駆者とこういった多くの参加者によってもたらされた情報を元にしている。

死後世界はいくつかの領域に大きく分けることができる。モンローのフォーカス・レベルで言うと、フォーカス23から27までがそれに相当する。ここでは、その手前のフォーカス21と22から説明したい。

フォーカス21

ここはこの世とあの世の境界領域であり、両者をつなぐ架け橋の領域である。英語ではThe Bridge State（橋の状態）と呼ぶ。

ここで川を知覚する人が多い。日本では仏教の影響で三途《さんず》の川という概念があるので、川を見ることはありえるが、そういう概念のないキリスト教徒でも川を見る。ということは、人が川と知覚する何らかの実体がここにはあると思われる。

フォーカス21は、この川のこちら岸（此岸《しがん》）と向こう岸（彼岸《ひがん》）を含む領域を指す。

この前イスタンブールについてのテレビ番組を見ていたら、イスタンブールはボスポラス海峡の東側（アジア側）と西側（ヨーロッパ側）の両方を含むと言っていた。

まるでフォーカス21だ。川の両岸を含む領域である。

川にかかる橋を知覚する人も多い。橋と言ってもレインボーブリッジのような超近代的なものから、木でできた古い橋まで人により千差万別である。何種類もの橋がかかっているのを見た人もいる。

どうも非物質世界で何かが見えるということは、物質世界で何かが見えるというのとは違うようだ。たとえば、橋が見えると言う場合、人が橋と把握する何らかの非物質的な実体がそこにあるのだが、それを視覚化する際に、自分の記憶の中からそれに一番近いと思われる画像を瞬時に思い出すようだ。

だから同じ場所に行って、同じ実体を把握しても、人によって見える画像は微妙に違ってくる。

これは非物質世界で会話する場合もまったく同じで、相手の言った言葉そのままが伝わるというよりは、その文意が伝わるという感じである。

だから、外国語や古代語で話しかけられても、理解できる。その内容を自分の持っている語彙に翻訳しているのだ。

初めてフォーカス21へ行くと、白っぽい霞のかかった世界という印象を持つのが一般的だが、慣れるに従い、徐々に霞が晴れて、さまざまなものが知覚できてくる。川や橋、山や森、お花畑など。

よく臨死体験者が、「お花畑に来ると、川の向こうに死んだおばあさんがいて、『帰れ！』となっていた」というような話をするが、それはフォーカス21での体験のように思える。

他にビルなどの建築物や、向こうの世界へ行くための列車やバス、飛行機、ロープウェイなどの移動手段と、それに乗るためのターミナルや駅、空港などの施設を見る人も多い。

こういった施設にはショッピング・モールもあり、向こうの世界へ旅立つ前にお土産を買って帰る人も見かける。

川のたもとにブリッジ・カフェと呼ばれるカフェがあるという報告もある。その中でモンローがときどき目撃されている。

他にもいろいろな構造物や施設が報告されている。

フォーカス21には、生きている人たちのための施設もあるようだ。寝ている間に来て、人生相談を受けるための場や、何らかの学びを得るための教室、癒しを受ける場もある。
　ここではいろいろな種類の非物質の生命体に遭遇する。彼らは次に分類できる。
（1）死んで向こうの世界へ行く途中の人。
（2）死んで向こうの世界へ行った後に、我々に会うために向こうの世界からフォーカス21までやってきた人。これまでにも多くの人が亡くなった両親や祖父母、配偶者にフォーカス21で会ったことを報告している。ただし、死んだすべての人がここまで来られるわけではない。さまざまな理由で来られない人も多くいる。
（3）我々を導くガイドやヘルパーと呼ばれる生命存在。
（4）地球外生命体。大多数はフォーカス34／35という、もっと上の意識レベルにいるのだが、中にはより低いフォーカス・レベルに下がってきて、地球生命系をより直接的に知覚しようとする者がいる。彼らの姿はさまざまな形に見える。泡やゼリーのような形として把握されることもある。
（5）隠れている自分の側面（今生の自分の中で、何らかの理由で忘れてしまった、あるいは切り捨ててしまった自分の一部）。たとえば、幼少期につらい体験をしていた場合に、そのときの自分が自分から切り離されていることがある。それがフォーカス21で、たとえば、氷で固まった子供として出てくることがある。愛情を持って抱きしめることで自分の中に取り戻すことができる。

フォーカス21には、セミナー参加者どうしが互いを知覚しやすいという特徴がある。そのためアクアヴィジョンのフォーカス21探索コースでは、橋のたもとにあるブリッジ・カフェに集合して、互いを知覚し合う練習をする。

非物質界で誰かを知覚する場合、物質世界と同様にその人の姿が見えるという形をとることもある。そうではなく、ふとその人のことを思い出す、その人のことが意識にのぼるという形もある。匂いがするという形もある。声が聞こえるとか、その人の思いが自分の思いのように伝わってくるという形もある。まったく何も見えないが、その人が何々をしているのがわかるという形もある。

いろいろな知覚の仕方があるのだ。見えることばかりにこだわると、それ以外の仕方での知覚に気がつかないことが多い。

ブリッジ・カフェで誰かに自分のことを見られると、ちゃんとそこまで行けてるんだと自信になる。

特に自分で何かを意図的に行なっていたことが、誰かにしっかりと見られると、大きな自信になる。

フォーカス22

ここにはまだ肉体を持っているが、意識だけ向こう側へ行ってしまった人がいる。こん睡状態の人、アル中、麻薬中毒者など。

フォーカス23

ここからがいよいよ死後世界に入る。
フォーカス23にいる人たちはさらに二つの状態に分けることができる。
(1) 物質世界のすぐそばに居続ける人たち

（2）自分の思いが作り出した世界に一人で居続ける人たち

いずれの場合も、フォーカス23にいる死者はまわりの人たちと意思の疎通ができず、一人で隔離されている場合が多い。

（1）物質世界のすぐそばに居続ける人たち

この状態にいる人をいくつか例を挙げて説明したい。

死んだのに死んだことに気付かず、自分の住んでいた家にそのままいる人がこの一例である。家族のだれも自分に気付いてくれないので困惑していたり、家に見知らぬ人が住み始めて怒っていたりする。

イギリスなど古い城や屋敷がそのまま残っているところでは、何百年も前に死んだ人がそのまま住み続け、幽霊として目撃されることがある。彼らはこういった状態にある死者の例である。このように生きている人から見えることもある。

死んだら墓場に眠ると思っていた人がそのまま墓の下に眠っている場合もある。キリスト教徒に多いのが、最後の審判のトランペットが鳴るまで墓の中で待っている人である。

後でお話しするが、自分が死後どうなるかについて特定の信念があると、それがそのまま実現されてしまう傾向がある。

不意の事故で死んだ人が、事故が作り出した状況のためにその場から動けなくてそこに居続けることもある。たとえば、炭坑やトンネルの落盤事故で岩の下の狭い空間に閉じ込められ、救助が来るのを待つうちに死に、それに気づかず、そのまま救助を待ち続ける人。船が沈没し、船室内に閉じ込められたまま、そこから脱出を試み続ける人。雪山で遭難し、雪の中でいつまでも救助を待っている人。

事故現場でも特に動けなくなったわけではないのに、その場に居続ける人もいる。何が起こったのかわからず、ボーっといるという感じである。

この世の何かに強い未練や執着を持っていて、死後もそこに引き付けられている場合もある。小さな子供を残して死んだ母親がその子のまわりに居続けるのはその例である。

飛行機の墜落現場のように、大勢の人が一瞬に死んだ場合、その場に多くの人がいることが多い。彼らはいっしょにいるように見えるが、互いに知覚し合っているわけではなさそうだ。そのため、次にお話しするF24～26とは異なるのである。

フォーカス23のこの状態にいる人に特徴的な点は、物質世界の様子がある程度知覚できていることである。自分は肉体を失って非物質状態になっているのだが、物質世界に意識が向いているので、そのすぐ近傍にいるのである。

中には少し変り種もいる。（1）と同様に物質世界のごく近くにいるのだが、彼らは自分が置かれている状況を把握できている。つまり、自分が死んだことを自覚していて、物質世界内を自由に移動できることに気が付いている。

そのため、幽霊を演じて人を怖がらせたり、性欲に任せて寝ている人の夢に侵入して、欲を満たそうとしたりする。

彼らは人に気付いてもらうことが殊のほかうれしいので、気付いてくれそうな人（霊感の鋭い人）のところに寄ってきたりする。

（2）自分の思いが作り出した世界に一人で居続ける人たち

フォーカス23にはこういった人たちと少し異なる状態にいる人たちもいる。彼らは物質世界にさほど意識が向いていない。むしろ自分の夢の中にいると言える。自分の思いが生み出す世界の中にいるのだ。

非物質世界では、思いは具現化されて形を成すことが多い。淡い思いは淡い形で、強い思いは強い形で具現化される。

そのため、自分の思いが生み出した世界の中にどっぷりと浸かったまま、そこに居続けるのである。

たとえば、自分の家はとうの昔に壊れてしまったのに、自分が思い描いた家の中にいる人。戦車で戦場を走り続ける兵士。彼の戦車は破壊されたのに、自分の思いが戦車を作っているのだ。

岩の下敷きになって死んだのだが、現実の岩はすでに撤去されたのに、思いがそれを作り出して、その下敷きになっている人。実は（1）で紹介した事故現場の例の中で、現実の物はすでにない場合は、（2）に属していると考えたほうがいい。

（2）の人たちは何らかの作業や行為をし続けている場合が多い。自分の農場で農作業をし続ける人や野球場で野球をし続ける選手。食べ続ける人。夕日を見続ける兵士。海岸に立ち、海で遭難した夫の帰りを待ちわびる女性。金銀でできた玉座に座ったまま離れようとしない古代の王。幽霊船を走らせるオランダ人航海士。迷子になって親が迎えに来るのを待ち続ける子供。

こういった人たちは現実の世界ではなく、思いの生み出した世界の中で何かをし続けているのである。

自分の世界を作り出さずに真っ暗な中に一人ぽつねんといて、ぶつぶつ文句を言ってる人もいる。もしかすると、死んだら無だと考えていた人はあえて真っ暗な世界を作り出しているのかもしれない。意識も無になるはずだったのに、そうはならずに混乱しているのだ。
（1）と（2）で、その人のいる世界がどう見えるかに差があることが多い。（1）は物質世界がそのまま見えるので、比較的明るくカラフルだが、（2）は暗い中に薄いグレーや白で描かれた世界。色はあっても薄く、全体的に淡い感じがする。ひとりの人の思いの生み出した世界なので、淡くなるようだ。
ときには（1）と（2）の境界があいまいなことがある。現実の病院の中に自分の思いで病室を作って、そこにいたりする。

フォーカス23に特徴的なことは、（1）も（2）も少数の例外を除いて、そこにいる人はみな頭があまり働いていないということだ。ぼんやりしていたり、ある一つのことをやり続けていたりするのである。迷路の中に入り込んで出られないという感じである。

フォーカス24〜26　信念体系領域

死後世界では、「類は友を呼ぶ」原理が働き、同じような価値観を持つ人たちは互いに引き寄せあう。さらに、「想像は創造」の原理（思いが具現化される）によって、その集団の共通の思いに応じた世界が生み出される。

その結果、同じ信念、価値観を持つ人たちが集まって生み出した世界が、信念、価値観に応じて数多く存在する。

それぞれにいる人の数は数十人のものもあれば、数万人規模のものまである。フォーカス23から26までの番号の違いは、同じ信念でもどれだけ深く信じているかの違いである。24のほうが26よりも深く信じている。

それぞれの世界に住む人たちにとって、そこは物質世界と変わらない現実世界である。

以下、どういった世界があるのか概観してみたい。

〈宗教に関連する世界〉

圧倒的に多いのが、宗教に関連した世界である。星の数ほどあるさまざまな宗教、あるいは宗派を信じる人々が死後に集まってできた世界がそれこそごまんと存在する。

たとえば、キリスト教のある一派の人たちが集まっている世界。そこには荘厳な教会が建ち、教徒の住む住宅地が広がる。教会では厳粛な儀式が執り行なわれている。この一派の歴史上著名な司教が説法を行なっている。仏教の僧侶が集まり、修行に明け暮れている世界もある。座禅や読経を繰り返している。

どの宗教か特定できないが、何かの修行や儀式をする集団は目につく。たとえばフラダンスを踊る古代の人の集団。フラダンスは神に捧げる儀式である。

〈欲に関連する世界〉

人間の欲には5つあると言われる。食欲、睡眠欲、色欲、財欲、名誉欲である。これらを追い求める人たちの集団も数限りない。

たとえば、高貴な装束をまとったラマの高僧が何人もいて、ありあまるほどの食べ物を片っ端から食べ続けている世界。食べ物は口にうまく入らずにボロボロと口元から下へと落ちていく。生きている間に禁欲生活をしていて、思いっきり食べられなかったので、死後好き勝手に食べようと思っているようだ。ただし、いくら食べても欲が満たされることはない。

色を追い求める男女が集まって求め合っている世界というのもある。これもけっして満足しないので、永遠に求め続ける。

互いに物を盗み合う世界もある。だまし合う世界、殺し合う世界もある。罵倒し合う世界、論破し合う世界もある。

殺し合う世界には、武士の集団が戦いを繰り返す世界もある。私がヘミシンクを聴きはじめたころにフォーカス25で頻繁に目撃したのが、草原で戦う騎馬武者の集団である。鎧兜に身を包み、馬に乗った二つの軍団がぶつかり合って戦っている。

この武士の集団が住む巨大な城と城下町もある。城下町全体がそこの住人を含めて一つの世界を成している。ここには武士だけでなく、城で働く女たちや城下町で働く人々までいる。

〈趣味、嗜好、習慣に関連する世界〉

生け花をいける人たちが集まって、先生の下で学んでいる集団。クルーザーに乗り、大きな魚を捕ることに夢中になっている集団。大きな魚を捕ったことを互いに自慢し合う。

これらに類するが何らかの趣味をいっしょに行なう集団も多い。おそらく世界中のすべての趣味に対応した集団があるに違いない。一見、楽しそうに見えるが、狭い世界にいるので自由度は少ない。

楽しそうには見えないが、この世での行動パターンをそのまま踏襲している集団もいる。受験勉強に明け暮れる受験生の集団。通勤途上のサラリーマンの集団。ジャングルで行軍を続ける日本兵の集団。

〈政治に関連する世界〉

これまでに遭遇したことはないが、おそらく政治に関する世界もあるだろう。政治に関して同じ考えを持つ人々の集団である。マルクスレーニン主義の一派とか、イスラム過激派とか。ただ、彼らは権力闘争が激しいから、すぐに内部分裂してしまう可能性はある。

こういった分類には入らない何らかの価値を共有する人々の作り出す世界も、数限りなくあるに違いない。前に行ったことがあるのだが、その世界はすべてが緑色に塗られていた。緑色を信じる集団なのだろうか。

フォーカス27

モンローはフォーカス27を中継点（ザ・ウェイ・ステーション）と呼んだ。直訳すれば、「道の駅」という意味である。

ここは光と喜びにあふれた世界で、癒しと慈悲のエネルギーが満ちた世界である。人はここまで来ると、しばらく休息をとった後、次の生へと進んでゆく。

次の生の選択肢はいくつもある。人間を再び体験するというのは一つの選択肢に過ぎない。他の天体へ行ってそこを体験するとか、フォーカス27でヘルパーとして働くとか、自分のトータルセルフへ帰還するとか、いくつかの選択肢がある。ただ、多くの人は人間体験を選択するようだ。人間体験は中毒性があるので、何度も体験したくなるらしい。

フォーカス27には次の生への移行をスムーズにできるよう手助けする機能が備わっている。死んだ人は次に挙げる場（センター）と呼ばれる領域を順に体験した後、次の生へと向かう。

◆受け入れの場（レセプション・センター）
◆癒しと再生の場（ヒーリング&リジェネレーション・センター）
◆教育の場（エデュケーション・センター）
◆計画の場（プランニング・センター）

またフォーカス27全体を創造・維持・管理・調整する知的存在がいる。彼らはコーディネイティング・インテリジェンシーズ（調整する知性、略してCI《シーアイ》）と呼ばれている。

モンロー研究所のエクスプロレーション27（略称X27）というプログラムに参加すると、それぞれの場（センター）を順に訪問し、それぞれがどういう機能を持っているのか詳細情報を得る機会がある。そうした情報やモンロー、モーエンらのもたらした情報を基にそれぞれの場についてわかってきたことをお話ししたい。

〈受け入れの場（レセプション・センター）〉

人は死んだ後、まっすぐにフォーカス27に来る場合と、途中のフォーカス・レベルにしばらくいてから来る場合とがある。いずれにせよ、フォーカス27に到着する際にまず来るところが「受け入れの場」である。

この段階で多くの人は「ここはどこなのか」という一抹の不安を持っている。そういう不安をできるだけ軽減し安心できるように、「受け入れの場」はその人の期待や希望に沿うような場所やなじみのある場所になっていることが多い。

また、ほとんどの場合に、先に亡くなった家族や親しい友人、知人が出迎えに来る。その本人が来る場合と、ヘルパーが扮している場合とある。ヘルパーとはフォーカス27で働く人たちだ。

具体的に言うと、天国の入り口のようなきらびやかな建物とか、モダンなホテルのロビーや受付、温泉街にある旅館の入り口、空港の到着ゲート、病院の玄関や待合室、野戦病院、波止場、広々とした草原、駅のホームなど。

この受入れの場の一角にはモンローが公園（パーク）と呼んだ場所がある。そこには木々が生え、曲がりくねった小道があり、池や噴水、ベンチがある。青空が広がり、白い雲が浮かぶ。

公園以外にもレストランやカフェ、テニス場、ジム、温泉などいくつもの施設があり、ここまで来た死者が安心できるように作られている。

死者は出迎えに来た人といっしょに公園などの施設に行き、ここがどういうところなのか、天国でもなければ地獄でもないこと、次の生へ進むための休息と準備をするための場であること、これから先に何をするのかといったことを徐々に教えてもらう。それが済むと、次の場へと進んでいく。

〈癒しと再生の場（ヒーリング&リジェネレーション・センター）〉

ここは広大な「受け入れの場」の一部と考えてもいい。死者は死ぬ過程で肉体的、精神的、感情的な傷を負っていることが多い。死後は肉体がなくなるのだが、肉体的な傷をそのまま引きずっていることもある。

たとえば、火事で大やけどをして死んだ人で、全身に包帯を巻いたままの状態でここまで来る人もいる。ここでは包帯もけがもないのだが、あるはずという思い込みがそれを具現化しているのだ。

そういう人にとって「癒しと再生の場」は病院となる。そのため本物そっくりの病院があり、医師、看護師がいて、治療をしてくれる。本来、瞬間的に治るのだが、本人の思い込みのために時間をかけて治っていく。

このようにけがや病気で亡くなった人の多くは病院に入院して治療を受けるようだ。

精神的、感情的な問題があった人の場合には、それを癒すためのプロセスがなされる。後でお話しするが、私の自殺した知人が両親に扮したヘルパーの下、乳幼児期をやり直していたが、それはここの施設で行なわれていた。

そういった大きな問題がない人の場合には、個人の趣味や希望に合わせて、さまざまな癒しの施設が用意されている。

X27の参加者が体験した施設を挙げると、温泉やサウナ、若返りの泉や渓流、マッサージ室、エクササイズ室、さらには、森林浴のための森林、スキー場、プール、ゴルフコースにテニス場といった具合である。

癒しのための超ハイテク装置も完備されている。地上にはまだないタイプのものだ。寝たままチューブ状の装置に入り、まわりから何かのエネルギー光線を浴びて癒された人もいた。全身がバラバラにされて部位ごとに洗浄され、すっきりした人もいる。

癒しのエネルギーに満ちた球状の空間に浮かんで全身を癒された人もいる。

アクアパレスと私が勝手に名づけた場は、水を用いた癒しを行なうところだ。ギリシャ風の白亜の神殿とその内部に丸いプールがあり、プールの中央には水晶が立つ。神殿の外にはいくつもプールや噴水があり、プールとプールをつなぐ水路がある。そこを聖水が流れている。ギリシャ風の白い衣装をまとったヘルパーが何人もいて、そこを訪れた人を水を使って癒してくれる。

こういった施設には巨大な水晶やピラミッドから癒しのエネルギーが供給されているという情報もある。

スペシャル・プレイス

受け入れの場の一角に自分の場所を作る人も多いようだ。そこをモンロー研究所では自分のスペシャル・プレイスと呼んでいる。

死んだ人たちだけでなく、まだ生きている人も作っていい。ライフラインなどのプログラムでは、参加者が自分の活動拠点としてスペシャル・プレイスを作る。

それは自分の好きなように作ってかまわない。フォーカス27では想像力を働かすと、そのとおりに何でも作り出すことができる。生前に理想としていたような豪邸を作る人もいれば、草原に白いテーブルとイスがあるというシンプルなのもある。

死んだ人たちは各自のスペシャル・プレイスでしばらく休息をとりながら、次の教育の場を体験したりするようだ。

〈教育の場（エデュケーション・センター）〉

ここではさまざまな教育の機会を得ることができる。次の生で役立つような技能を身につけたり、情報を得たりできる。生きている人も寝ている間にここに来て学習しているようだ。

教室のようなところで先生から講義を受けるという形式の場合もあれば、実地に学ぶという場合もある。たとえば、雪山でスキーを体験して滑り方を学んだりする。

現実世界での実際の状況をリアルに体験する模擬演習を受けることもある。

その場合、気がつくとある状況にいて判断を迫られるのだ。そこで思わしくない選択をすると、また振り出しへ戻れという感じで、気がつくと初めと同じ状況にいて、また判断を迫られる。正しい選択をするまで、これがずっと繰り返されるのだ。

たとえば、交通事故の現場にいて、気を失った人へのとっさの対応を求められる。適切な救命処置を行なうまで、これが繰り返されるといった具合だ。

私はX27に初めて参加したときに教育の場を体験するセッションで、地球外の生命系へ連れて行かれた。そこは全体が海で覆われた青い惑星で、イルカのような生物が多数泳いでいた。その中の一匹が目の前へ来て、ツアーガイドとしてその惑星についていろいろと説明してくれた。

後で別の機会に教わったのだが、私はこの星で一時期イルカ型の生命体を経験していたことがあるとのことだ。

〈計画の場（プランニング・センター）〉

ここは個々人や人類全体、地球全体について、これから先に起こる事柄を設定する場である。

まず、個々人について。人は生まれてくる前にここに来て、ガイドやカウンセラーと相談しながら、次の生について計画を立てる。

まず項目別にこれまでの成長の度合いをチェックし、成長が必要とされている項目が何かを割り出す。たとえば、愛情を感じたり、表現したりするところでの成長が不十分と言われたりする。あるいは、忍耐をもっと学んだほうがいいと言われる。実はこの両方とも私が今回生まれる前に言われたことだ。

次に、その部分での成長を促すような人生を計画する。それを可能とするように両親、家族構成、身体的特徴、能力などを設定する。また、重要な出会いや出来事も設定する。ただ、詳細については設定しない。それは生まれてからの各自の選択に任される。たとえば、結婚する可能性のある相手との出会いは設定することが多いが、実際に結婚するかどうかは、実際に生きてみて、その時点で各自が判断する。

私が今回の人生の前にここで体験したことがらを以下、『死後体験』からとる。

男が現れて話し始めた。

「おまえは前世ではイギリスの南西部の端に住んでいた。おまえは今生に生まれる前に二つの可能性のどちらかを選択するように言われた。一つは金持ちだが、あんまりオプションがなく、おもしろくない人生。もう一つは金持ちではないが、いろいろな可能性に富み、いろいろやってみれる。おまえは後者を選んだ」

いつの間にか眠った。

（中略）

ある部屋の中にいる。机がいくつもあり、三人ぐらいずつ座っている。私も気がつくと座っている。右に一人、向かいに一人いる。右はガイドのような存在。向かいはカウンセラーで今回の人生について私が議論する相手だ。次の印象を得た。

石造りの大きな家。前回の人生ではここで働いていた。この家の家長の娘と恋に落ち結婚しようとしたが、家長に許されず、家から追い出された。その後の人生については情報は得られなかった。

「今回の人生でこの女性と結婚したいがいいか」

「いいだろう」

「家長に復讐したいが」

（中略）

「それよりも精神的成長が重要で、人を愛することを覚えなさい」

「この人生はいろいろな可能性を秘めている。スピリッチュアルな成長を選ぶ道、エンジニアの道、可能性は大きい」


計画の場にはエントリー・ディレクター（ED、エド）と呼ばれる存在が複数いて、地球生命系へ入ってくる生命体たちの管理を行なっている。EDは人間に生まれ変わる人の流れの管理もしているようだ。

自分が地球生命系へ初めてやってきたときのことをEDに聞くことができる。どこからどういう経緯で地球へ来たのか教えてくれる。

生まれた後も、人は計画の場へ来ることで、自分の将来についての設定をガイドと相談して変更していくことができる。実際のところ、人はみな夜寝ている間にここに来て、軌道修正をしているとのことだ。

計画の場は個々人の将来だけでなく、人類全体についての将来も計画する。人類の集合意識を代表する意識存在たちは、集合意識としての成長を促すように大きな計画を立て、事象を設定する。たとえば、震災が起きることが人類の成長を促すと考えられる場合は、その規模、起きる場所、時を設定する。これは地球の集合意識とも相談の上で行なう。

計画の場は地球全体についても計画する。地球の集合意識を代表する意識存在たちは、地球全体としての成長を促すように大きな計画を立て、事象を設定する。これは太陽、月、他の惑星とも相談の上で行なう。

資料館

フォーカス27の計画の場の一角に巨大な資料館がある。見る人によって見え方は異なるが、内部は上方へ遥かかなたまで伸び、その壁一面に本（データ）が並んでいて、色とりどりの背表紙が見える。

そこに常駐するヘルパーに案内してもらって必要なデータのところまで行くと、そのデータをダウンロードできる。それが自分の過去世情報の場合は、モニターのスクリーンに映し出したり、あるいは、自分で追体験したりできる。

この資料館がいわゆるアカシック・レコードなのか、それとも、アカシック・レコードへのアクセスができる端末なのかはわからない。

少なくとも言えることは、そこには各自のこれまでのすべての情報が蓄えられているということである。それはすべての過去世と現世の情報である。

それはまた真実の歴史が記録されているということでもある。たとえば、歴史上謎とされている出来事の真実を知りたければ、ここにアクセスすればいい。ケネディ暗殺の真犯人は誰かとか。ただし、情報によっては許可が下りないものもある。

私は日本の古代史についての本をこの1年半に3冊書いたが、その際、ここに頻繁に来ていたようである。後で、ここを訪れた際に、ヘルパーにそう言われた。自分では意識していなかったのだが。

また、ここにはこれまでに著されたあらゆる書物や芸術作品、造形物も蓄えられている。

さらに、宇宙の真理、科学的な真理といったものも蓄えられている。たとえば、フリーエネルギーの原理といった、いまだに解明されていない事柄もここにアクセスできれば知ることができる。ただし、そういった真理は高い振動数の領域に保管されているので、我々の振動数がそれに一致するほど高くならないと、アクセスできない。

新しいアイデアを生み出す機能

これも計画の場の一角にあるのだが、必要に応じて斬新なアイデア、デザインが生み出される場がある。それは科学、工学上の発明、創意工夫にとどまらず、これまでにない新しいものであれば何でも含まれる。新しいファッション、食べ物、ダイエット法、生き方、本の内容など。そういった新しいアイデアは、この計画の場の一角に置かれるので、それに興味を持っている人は誰でもアクセス可能である。

同じ発明が世界で同時に3か所でなされたりするのは、こういった理由による。

新しい生へ送り出す場

計画の場の一角にあるのかどうか定かではないが、次の人生へと送り出すための場がある。送り出す前に、フォーカス27での体験や過去世の体験に簡単にはアクセスできないようにする必要がある。そういう記憶があると、新しい人生を新鮮な気持ちを持って生きることが難しくなる。チャレンジ精神が薄れてしまう。

それは記憶を消去するのではない。記憶にアクセスできないようにするのだ。そうするには、広がった知覚を狭める必要がある。そのため、新しい人生へ送り出す前に知覚を狭める装置?を通る。

まれに知覚が広がったままで生まれる人もいる。こういう人は何らかの使命を持って生まれてくることが多い。

〈CI（全体を調整する知的存在）〉

フォーカス27というのは、主に人類のために人類の集合意識の代表者（高次の意識存在）たちが数万年ほど前に創り出したものである。この世の変化に合わせるように、常に刷新されている。フォーカス27では多くの生命体がヘルパーとして働いている。

こういったフォーカス27全体の創造、維持、管理、運営を取り仕切る生命体が複数いる。彼らはCI（コーディネーティング・インテリジェンシーズ）と呼ばれる。直訳すると調整する知性となる。

〈人間以外のための領域〉

フォーカス27には以上見てきたように、人間のために造られた領域だけでも広大だが、人間以外の生命体のための領域もある。実は、そこについてはこれまでにあまり探索されていないので、よくわからない。死んだペットたちのいる領域もあるようだ。

第5章　亡くなった知人と会う

これまでにアクアヴィジョン・アカデミーの開催したヘミシンクのセミナーに多くの人が参加されているが、その目的はそれぞれである。

体外離脱を体験したい、ガイドに会いたい、過去世を知りたい、死後世界を体験したい、宇宙を探索したい、宇宙人と交信したいなどなど。

そういった中、亡くなった両親、妻や夫、子ども、恋人、親しい知人に会いたいという切実な思いで参加される人も数多くいる。

こういった人たちの願いは、あきらめなければ叶う。もちろん、本書の初めのほうで紹介した香さんのように、並々ならぬ努力が必要な場合もある。その反対に、最初のセミナーで会えたという人もいる。多くの人の場合、ある程度回数を重ねられていくうちに、会えている。

中には、会えたような気がするが確信が持てないということで、何度も参加される人もいる。そういう人には、亡くなった人から何か証拠をもらうことをお勧めしている。たとえば、本人と特定の人（Gさんとする）しか知らないことを教えてもらい、後でGさんに確認する。それが正しければ、確証となる。

あの世（フォーカス23から27）だけでなく、フォーカス21で会えたという例も多い。フォーカス21で橋のたもとに行くと祖父母が待っていてくれたとか、ブリッジ・カフェで父が出迎えてくれたというような体験はしょっちゅう耳にする。彼らは普段はフォーカス27にいるのだが、わざわざフォーカス21まで降りてきたのだ。死んだ人のすべてがこうできる状況にあるわけではない。さまざまな理由でできない人もいる。

フォーカス27での出会いがやはり一番多い。その場合、亡くなった人が思い思いに作った自分用の場所（スペシャル・プレイス）で会うということがよく起こる。

亡くなったご主人が生前に夢に描いていた家そのままのところにいて、中に入るとコーヒーを出してくれたという体験をした女性がいる。

彼らはそこを拠点として、ガイドからいろいろと指導を受けているようだ。

死んだ知人になかなか会えないという人もいる。その理由にはいくつか考えられる。

（1）最初に紹介した香さんの場合のように、生きている人の側に、会うこと（あるいは知覚すること）を阻む原因がある場合。心の奥深くで、会うことを恐れているような場合である。

（2）会いたいという思いが強すぎる場合。それがかえって足かせになることもあるようだ。

（3）姿を見ることに固執しすぎている場合。非物質界での知覚は、物質世界での知覚とは異なるので、必ずしも「見える」とは限らない。その人がいることがわかるとか、存在感があるとか、雰囲気を感じるとか、匂いがするとか、という形で知覚することもある。あるいは、姿は見えなくても、相手の言う言葉が心に浮かんでくるということもある。そういう可能性に心を開くと、見えなくても会うことができるようになる。見ることをあきらめると新たな知覚能力が芽生えてくる。

（4）亡くなった人が会えない状況にある場合、あるいは会うことを拒んでいる場合。

たとえば亡くなった人がフォーカス23から26にいる場合には、姿を見ることができても、向こうはこちらに気がつかないことが多い。何らかの理由で亡くなった人が会いたくないと思っている場合も会いにくい。

それでは亡くなった知人とフォーカス27で会ったり、会話をした体験を紹介したい。初めに私自身の体験をいくつかお話しする。なお、私はヘミシンクを聴かなくてもフォーカス27などに行くことができるので、以下の体験ではヘミシンクを聴いていない（ノン・ヘミという）場合もある。

父

まず、亡くなった父と会った体験である。

父は2005年8月に亡くなった。86歳だった。その何年か前に直腸がんを患い、手術をした。手術は成功して、がんは切除されたのだが、その後、腸閉そくを起こしては入退院を繰り返した。

病院では昼間は寝て夜中に起きて騒ぐので、まわりに迷惑をかけるということになり、個室に入った。ただ個室はあまりに刺激がなく、次第に認知症が進み、5分前の記憶が定かでなくなった。病院は肉体の病気にしか関心がなく、患者が認知症になろうがおかまいなしという感じだった。

父が亡くなった晩、医師から今後の手配などについて一通りの説明を受けた後、ひとり病院内を歩いていると、ガイドたちがコンタクトしてきた。父をフォーカス27へ連れて行ったと告げてきた。

父の死後、私は忙しすぎてフォーカス27を訪れる機会がなかった。そのため、父には会えずにいた。それ以降について、日誌から載せる。

2006年3月6日（月）
夜中に目が覚めたときに、父に会おうとしてうまくいかなかった。朝、目覚めると、起き上がる前に、再度チャレンジした。
フォーカス27へ向かう。27へ着いた後、ガイドに父に会いたいと言う。すると、病院で寝ている父の姿が見えた。が、うまくコンタクトできない。父はリハビリ中という印象を得た。フォーカス27の「癒しと再生の場」で寝ているようだ。

2006年3月9日（木）

フォーカス27へ。父親の様子を見に行く。病院内へ。父の顔が一瞬見えた気がしたが、すぐに消えた。

部屋に入る。個室ではなく、5人ほどがそれぞれのベッドに寝ている。白いシーツが特に目に付く。ベッドの前に来た。誰かが寝ているが、誰かは把握できない。父のようなので、「お父さん」と呼びかける。

「政道ですよ」

まったく動かない。何度も何度も呼びかけるが、まったく反応がない。父親は昏睡状態で眠っているのか、何度呼びかけても目を覚まさなかった。死ぬ前も寝ていることが多かったので、こちらでも寝ているようだ。

2006年4月20日（木）

フォーカス27へ父親の様子を見に行く。病院内へ来た。父は昏睡状態だ。大声で何度も「お父さん」と呼びかけるが、反応がない。さらに呼び続けると、少し反応があった。さらに呼ぶ。目が覚めたようだ。まだ、朦朧としている。さらに呼ぶと、もう少しはっきりとしてきた様子だ。

２００６年８月10日（木）
夜中に目を覚ました。それまでに見た夢に父が出てきた。ソニーのどこかの工場でボケ防止に仕事をしているという。何かの単純作業だ。ただ、扱っているものはけっこう危険な感じがする。字を思い出せないというようなことを言っていた。小学校で学ぶ字も思い出せないとのこと。これが本当なら、少なくとも昏睡状態からは脱したようだ。

２００６年８月11日（金）
また夢に父が出てきた。明日は命日だからか、ここ2日連続で出てくる。今日の夢の内容は覚えていないが、何かの勉強をしていると言っていたと思う。フランス語だったように思う。さらに進歩したようだ。

2006年11月26日（日）

朝5時、フォーカス27へ行くことにする。学校の内階段のような薄暗い階段を上がっていく。最上階に着き、外へ出ると、そこは屋上だった。

父のことを思い出し、会いたいと思う。

見回すと、前方10メートルほどのところに、父が立っていた。若い。60歳ぐらいか、髪をきれいに刈って、こざっぱりとした感じだ。顔がやけに白い。

駆け寄り、抱きつく。しっかりした肉感。

会話を交わした。初めから涙があふれて、途中ついに嗚咽した。

「5期生を連れてきたのを見かけたよ」

と父が言う。日本人を対象としたゲートウェイ・ヴォエッジの5期生のことだ。

2005年6月より年3回のペースで、モンロー研でこのプログラムを日本語で開催することをやってきている。

「こっちはどう？」と聞くと、

「うまくいってる」

おだやかな感じで、満足感と充実感を感じた。嗚咽したことで、意識が目覚め始め、この会話を維持できなくなった。

私は「もう帰らないと」と言った。そう言うと、父の感覚は次第に薄れていった。

2007年3月8日（木）

フォーカス27に着く。父に会いたいと思う。よくわからない。が、父が現れた感じがした。ハグし合う。

「お父さん、元気ですか」

「あー、元気だよ。お母さんはどうしているかな」

「元気にしてますよ」

そんな感じの短い会話の後、父が話し始めた。

「ここでいろいろ説明を受けたよ。フォーカス35へ行くとすばらしいらしいね。政道たちのお陰で、フォーカス35へ行きやすくなったらしいね。ここでは有名なことだ。政道の父ということで誇らしく思うよ。なんでもエネルギーが入ってくるんだってね」

まわりの様子がだんだん把握できるようになった。ふたりでショッピング・アーケードのようなところを歩きながら話しているのがわかる。けっこうな数の人が歩いている。

「政道の父ということで誇らしい」

と、その後も何度も言われた。


「痴ほう症の人は死後どうなるのですか」とセミナー参加者に何度か聞かれたことがある。ここにそのひとつの答えがあると思う。

つまり、フォーカス27の「癒しと再生の場」でしばらくリハビリを受けることで、徐々に回復してゆくということのようだ。早い遅いには個人差があると思われるが、いずれは元どおりになり、次のステップへと進んでいくのである。

高校の同級生の森さん

高校時代の同級生の森さん(仮名)は、2008年10月に闘病生活の末に亡くなった。その翌年の夏になり、森さんの新盆の法事が行なわれることになった。その情報が高校同期のメーリングリスト（ＭＬ）で連絡されてきた。

私はあの世にいる森さんにコンタクトしてみることにした。森さんが亡くなったことはＭＬを通して知っていたが、コンタクトはしていなかった。

目をつぶり、まずガイドに意識を向ける。

すぐにガイドが話しかけてきた。

「森さんとコンタクトしたがっているのはわかっているよ。我々と交信するのと同じやり方でいい。今、彼をここに連れてくるから、ちょっと待って。まずは会話を想像すればいい」

しばし待つ。何となく、誰かが来たような感じがする。その人はちょっと戸惑っている様子だ。

「森さんかい？」

そう聞いてみた。

「おい、ほんとに坂本なのか。こういうことをやってるということは聞いていたけど、ほんとなんだね。驚いたよ」

「そうだよ。いつもはヘミシンクを使ってやるんだけど、今日はなしでやってる。まだ慣れないので、ちょっと自信がないが」

「ヘミシンクか。少し聞いたことがあったような気がする」

「で、どうなの、そっちの生活は？」

「楽しいね。こんなに楽しいとは知らなかった。好きなことをしてるよ。将棋とか。それに凄い人たちがいるんだ。将棋のプロとか。ちょっと教わったりしてる。それに、したかったことがたくさんあったのに時間がとれなかったこと、やってるよ。文を書いたり、サッカーやったりさ」

「そう言えば、高校の時、文を書いたね」

高3のときに10名ほどで文集を出したのを思い出した。「異数」というタイトルを付け、わざわざ印刷・製本して文化祭で売ったのだ。

「坂本さ、おまえ文がうまかったな。おれ好きだったよ、おまえの文章」

「そうかな、ぜんぜん下手だと思ってた」

「いや、うまかったよ」

「そうだ、何か、みんなにメッセージとかない？」

「元気にやってるって伝えて。楽しくやってるって。ときどき、みんなにコンタクトしようとするんだけど、うまく気付いてくれないんだよね」

「今度、お盆とかで人が集まる時に、何かしてくれないかな」

「そうだ、花を動かそう。エアコンの風で動いたように見えるけど、花を動かすよ」

「そうそう、何か、風とかを使うと、こういうのはうまく動くんだよね」

「そういうの、ちょっと練習してるんだよ。こっちの世界で」

「わかった。じゃ、今度みなが集まる場で、花を動かすんだね」

「そのつもり」

「ありがと」

私はこの経緯を高校同期のＭＬにレポートし、森さんの新盆の法事に行く人は確認するようにとお願いした。後で、法事に参列した同窓生３名が報告してくれたのだが、風もないのに確かにユリが揺れていたとのことだった。

知人の新井さん

昨年（２０１３年）２月に親しくしていた新井さん（仮名）が亡くなった。数日後、彼に意識を向けて、様子を伺ってみることにした。

新井さんは喜びにあふれる明るい世界にいることが感じられた。フォーカス27とモンロー研究所で呼ぶ死後世界の中の一領域だ。

彼と交信してみる。

「新井さん、そちらはどうですか？」

「え？　坂本さんですか。驚いたな。こちらの世界とコンタクトできるんですね。こちらでは、そちらの人が僕のことを思った瞬間にわかるんですよ。意識がすごく広がっていて、一度にいろいろな人の思いを感じられるんです。でも、僕の思いはそちらにまったく伝わらないのが残念です。こっちはすばらしい世界で、元気にしています」

新井さんは明るい感じで、下界で入院していたときに比べて、もうちょっと意識がクリアになったような印象を受けた。

告別式で、新井さんに意識を向けてみた。すると、新井さんは上からこちらの様子を見ているようだった。直径10メートルほどの丸い開口部があり、その淵から顔を出して下を見下ろしている。この斎場の様子がクローズアップで見えるようだ。新井さんはこういうことができることに少々驚いている様子だ。

その翌日、ガイドと交信する。

すぐにガイドが話し出した。

「あなたが昨日の告別式の際に知覚したように、新井さんはフォーカス27の喜びにあふれる光の世界にいます。フォーカス27の丸い穴から下界の葬式の様子を見ていました。今フォーカス27がどういうところなのか、先生について学んでいるところです。死後があまりに予想と違うので驚いています。

先生は彼のガイドで、ポリネシア人のような風貌の存在です。新井さんは当初、この人とは初対面だと思ったのですが、前に会ったことがあることを思い出しました。実は何度も会っていたのです。輪廻して亡くなるたびにフォーカス27に来たときに会っていました」

ついで新井さんと交信する。

「坂本さんですね。死後はこうだと知りませんでした。そういえば、坂本さんは本に書いていましたね。そこに書いてあることと同じです。僕の姉に幸せにやってるって伝えてください。それから母にも。お願いします」

南洋の明るい青緑色の海と海岸が見えてきた。そういえば、彼は学生時代に海洋学を学んでいた。海が大好きだった。

フォーカス27では自分の思いどおりの景色や環境を作り出して、そこに住むことができる。彼は自分の大好きな南の海を思い描いて、そこに暮らしているのだ。

自殺した沙織さん

2013年に沙織さん（仮名）は自ら命を絶った。

沙織さんの夫のご両親とは数十年来の付き合いで、夫のことは小さいときからよく知っていた。2012年の春に入籍し、その後、結婚式を挙げ、子どもも生まれていた。

沙織さんは精神的な病に侵された末の自殺だった。子供時代に両親から十分に愛情を受けなかったことが、この病の根本原因にあるように思われた。いわゆるアダルトチルドレンである。

通夜で夫と話す機会があった。

「半年前には結婚式のための写真を探していたのに、今回は葬式のための写真を探さなくてはならなくて、つらいです」

亡くなってから数日後、沙織さんにコンタクトしようとしたがうまく行かなかった。そこでまず、フォーカス23を探ってみた（感じてみた）。ここは死後世界の中でもこの世のごく近いところにある領域である。

そこにはどうもいるような感じはしなかった。代わりに、沙織さんの夫の笑顔や、夫と過ごした楽しかった日々の映像なのか、どこかを旅行しているときの光景が見えた。

そこでフォーカス27にいるのかと思い、「受け入れの場」あたりから感じてみた。そこにもいないようだ。ガイドに聞いてみると、すぐに次の答えが返ってきた。

「沙織さんは死んだ後、比較的簡単にフォーカス27まで救出できましたよ」

さらに以下の情報が若干の映像と言葉で伝わってきた。

亡くなった沙織さんのところに母方の祖母がやってきた。それを見た沙織さんは、「おばあさん！」と言って抱きつき、すぐにいっしょにフォーカス27へ行った。

「沙織さんは今、夫との楽しかった時の体験を追体験しています。これから両親にふんしたヘルパーと共に、幼児期からやり直します。十分に得られなかった愛情を、いっぱい体験します」

白っぽい温かなドーム状の空間に沙織さんと両親役のヘルパーが見える。沙織さんは赤ちゃんになっていて母親に抱かれている。ここでしばらく愛情を体験していくらしい。そして心の傷を時間をかけて癒していくのだ。

「沙織さんの今回の人生は、彼女のトータルセルフ（大きな自分）がアセンションするのに必要な最後の一片としての人生でした。これで必要な体験はすべてそろいました」

アセンションとは上の段階へ進んでいくことを言う。トータルセルフとは、自分のこれまでのすべての過去世と現世の総体のことである。

「え！　なんでそうなるんですか？　彼女はそれでいいかもしれないけど、残された夫と子供はどうなんですか。つらく悲しい上に罪の意識さえ持たされてしまったんですよ、あまりに身勝手じゃないですか！」

私は思わずそう言ってしまった。

「彼らはそういう試練に耐えられるだけ十分に強い存在です。この体験を通して学びを得ていきます」

私は何か釈然としないものを感じた。残された側はその後の人生をずっとこのことを引きずって生きなければならないのだ。彼女が上の世界へ行けるなんて何とも理不尽だ。

その後の数か月間に何度かフォーカス27へ行き、沙織さんと会おうとしたが、癒しのプロセスの最中とのことで会えなかった。幼児期から順に癒しているとのこと。それにはけっこう時間がかかるようだ。

また、私が怒りや不平不満の心を持って彼女のところにいくのが、彼女の癒しに悪影響があるような気がした。彼女はこういった生きている側の思いからシールドされた中にひっそりといるような印象だった。

２０１３年11月に福岡で「F27体験コース」を開催した際に、やっと彼女に会うことができた。

フォーカス27に着いた後、沙織さんに会いたいとお願いすると、誰かが目の前にやって来るのが感じられた。存在感のみで、顔や姿は見えないが、沙織さんの印象が強く感じられる。

少し会話をした。沙織さんはより大きな存在の中に統合されたとのことなので、前の姿形ではないとのことだった。彼女との間にちょっと距離感があった。

次のセッションで、まずフォーカス21のブリッジ・カフェへ行く。

ブリッジ・カフェの奥にモンローがいた。沙織さんのことを尋ねる。

「沙織さんはトータルセルフ（大きな自分）の中に統合されている。彼女についての先入観を捨てたほうがいい。先入観があるので、うまく会話ができない。彼女も話しづらい。彼女は今では観音菩薩のような存在になっている。そういう大きな存在になったのだ」

フォーカス27へ向かう。沙織さんに会いたいと思う。すると、沙織さんの存在感があり、会話した。

「私は大きな自分の中に溶け込みました。前よりも大きな存在になったので、前のイメージとは違います。前の私は小さな子供になって癒されて全体の中へ統合されました。今生の体験は必要でした。女神となって人を癒すには、人の苦しみを知る必要があったのです。今回はうつ病の人の苦しみを体験しました。女神となる道を歩んでいます。学んでいます。

夫とは会えると思います。会うときは幸せだったときの姿、存在になって（そういう形を創り出して）会います。子供には理想の母として会います。ただ夫の信念がそれをはばんでいます。会うことは可能だとお伝えください。夢の中でなら会えます」

沙織さんから受ける印象は、前とはまったく違ったものだった。はるかに大きな存在になっている。女性性のエネルギーを表現した存在だという。言ってみれば観音様のような存在だ。そうなるために必要な最後の部分が今回の人生ということだ。

セミナー参加者の体験

それでは亡くなった知人と会うことができたセミナー参加者の体験手記をいくつか紹介しよう。

根本さん（仮名）

Ｆ21で亡くなった母に会うことができました。

Ｆ21で母を呼んでいると、坂の並木道をスピードを上げて自転車で降りてきました。

買い物かごには、母がとても可愛がっていた猫のチビが乗っています。生前、母はどこへ行くにも自転車に乗り、精力的に出かけていたのを思い出しました。

私たちは手を取り合い、涙して再会を喜びました。

言葉は交わしませんでしたが、母が今、F27で楽しく手伝いをしていることがよくわかり、とても安心しました。

ゲートウェイ・ヴォエッジに参加する前、神楽坂でエクスカージョンを受けた時にも母に会えたのですが、今どんな状態でいるのかまではわかりませんでした。母のことがとても心配でゲートウェイ・ヴォエッジに参加したこともあり、今の母の状態を知ることができて、とても心が軽くなったのを覚えています。

この体験を皆さんの前で発表した際、他の参加者の方が、

「自転車に乗った人がだれかと大きな声で喜び合っているのを見ました。そのときは誰だかわからなかったが、あなたたちのことだったのですね」と言われました。

他の参加者の方に目撃されたことで、本当に母に会っていたのだと強い確信を持

つことができ、ヘミシンクのすごさを改めて実感しました。

その後は、自宅でヘミシンクをする際、母には何回か会いましたが、母がF27で元気に暮らしていることがわかり、心配もなくなったためか、だんだん母に会いに行く事もなくなりました。

大石さん（仮名）

大きな門の向こうに、10年前に亡くなった主人がいました。

何ともあったか〜い空気、雰囲気の中に、ここちよい風の中で手がふれあい、そっと抱きしめてくれました。

「よく頑張った！　よく来たね」と言われた感じがしました。

本当に10年ぶりで、うれしいような、とろける気持ち。

「やっぱり見てくれてたんだ、ひとりじゃなかったんだ」と実感しました。「肉体がないだけで存在は、意識は、続いていくんだ。死ぬことは、こわくないんだ」と。でも肉体があるうちに、この世でやらなくちゃならないことがあると感じています。

内田さん（仮名）

フォーカス21で亡くなった祖父に会うことが出来ました。

祖父は晩年を老人ホームで過ごし、そこで亡くなりました。当時の私は祖父は大好きでも自分自身の生活を優先してしまい、最後まで会いに行きませんでした。祖父を放ったらかしにしてしまったという後悔の念があったので、フォーカス21で祖父に会えたら、これまでの感謝を伝えたいと思いました。

フォーカス21に着いて、私は目を凝らして360度を感じるように見渡しました。

景色等は全くないのですが、ふんわりとした空間の中に白い部屋の中の白い椅子に座っている祖父を感じることが出来ました。祖父は私が子供の頃に見ていた雰囲気に思えました。私からは動けず、近寄れませんでしたが、祖父は少し離れた場所から、昔と変わらない静かな笑顔で「ありがとう、嬉しいよ……」と、私が会いに来てくれたことをとっても喜んでくれているという気持ちを伝えてくる感じが分かりました。どうして分かるかというと、とても暖かい何かに包まれる感じがして、それが「嬉しい」と感じたからです。

それと同時に「髪飾り」を渡されました。渡されたと言ってもいつの間にか「髪飾り」が目の前にありました。私は「それが何か」をすぐに理解しました。それは子供の頃に祖父の家に遊びに行った時、とても器用な祖父が白い草花を摘んで作ってくれた髪飾りに似ていました。私はそれが嬉しくて大喜びした記憶があります。

「おじいちゃん、ありがとう、ありがとう…」としか言うことが出来なくなり、涙が出てきて動悸が強く感じるようになるにつれて、祖父の姿が薄くなり、ついに見えなくなってしまいました。

C１に戻る途中、しばらくぼんやりしてしまったのですが、徐々に嬉しくなってしまい、C１に戻ってからは常に後悔していた祖父への思い出が、心が晴れたように楽しい思い出だけで満たされるようになっていました。

山田さん（仮名）

フォーカス27の自分のスペシャル・プレイスに行くと、4月に他界した父がいました。

私のスペシャル・プレイスは水上コテージのような場所で、海に面したテラスにジャグジーがあります。父がジャグジーに気持ちよさそうに浸かっていました。私も一緒にジャグジーに入り、思いつくままに、父に質問を投げかけてみました。入院中、あまり面会に行けず、また行っても短時間で帰ってきてしまうようなことの繰り返しだったので、

「もっと生前にいろいろやってあげたかったな」

と言うと、

「良いんだよ、あれがお前の精一杯だって解っているから」

「転院の時、車で家の近くを通ったけど、あのとき（家に）寄りたそうにしていたよね。もう（生きて）帰れないって分かってた？」

「なんとなくね」

「だったら（家に）寄らせてあげれば良かったね」

「だから良いんだって。寄ったらいろいろと厄介なことになったぞ。あれで良かったんだよ。お前の判断は間違ってなかった」

次に、妻の夢に父が出てきたことについて聞いてみました。妻は夢で、父がやって来てニコニコしていた、と言っていました。

「この間、Y（妻の呼び名）の所に会いに来た？」

「行かないよ。Yさんが（父のところに）来たんだよ」

「ニコニコしてたって言ってたけど」

「だって、こっちは良いところだからな」

それから気になっているアパートの空き部屋について尋ねました。父は生前、アパート経営をしており、今私が引き継いでいますが、空き室が3室あり、なかなか次の借り手が見つからない状況になっているのです。

「部屋が3部屋も空いたままだけど、どうしたら良い？」

「部屋に愛情をもって接するんだよ。大事に手をかければ借り手はつくよ」

最後に次の質問をしました。

「何か俺に言っておきたいことある？」

「お前は良い家族を持って本当に幸せ者だ。

そのことを肝に銘じて、いつも感謝の気持ちを忘れるな。

そうすれば思い通りの人生を生きていける。

不平不満は愛に置き換えろ」

以上、問いかけに対し瞬間的に答えが「分かる」という感じのやりとりです。それに加えて、父の表情や雰囲気などが合わせて感じられるといった感じでした。

いま思い出しても胸に暖かいものがわき上がってきます。

高木さん（仮名）

友人の石川さん（仮名）と一緒に参加しました。石川さんは数年前に息子さんを亡くされていました。

Ｆ21で私は、石川さんが広い食堂のようなところでテーブルを挟んで椅子に座り、息子さんに会っているところを見ました。

「あ、息子さんに会えたんだ。よかった、よかった」

と思って見ていました。

セッションが終わってミーティング・ルームに集まって、さあ発言しようと思って手を上げようとしたとき、いきなり石川さんが喋り出しました。

「やっと息子に会えました。大学の学食で、息子は私を待っていました。息子は、『かあさん、やっと来てくれたね』と私に言ったんです」

これにはびっくりしました。

思わず石川さんの手を取って、

「見たよ、私も見たよ。よかったね」

と喜びあいました。

Ｆ21は、亡くなった方にも会えるし、参加者同士も会えると聞いていましたが、一つのセッションで二つを同時に体験することができました。私自身も、Ｆ21では、亡くなった夫に何度も会っています。誰でもこういう機会を得ることができるのは、素晴らしいことですね。

ありがとうございました。


ここに登場した石川さんだが、その後、フォーカス27に作った自分のスペシャル・プレイスでよく息子さんと会い、会話をするそうである。

興味深いのだが、石川さんは次にように言う。

「それほどはっきり見えるわけでもないし、会話といっても、自分の中での自問自答のような形が多いので、初めは自信が持てなかったんです。でも、自分が息子と会っているところを他の人に見られるということが何度もあり、こういう形でいいんだと思えるようになりました」

これは非常に重要な点だ。非物質界での知覚というのは、物質世界での知覚とは異なる。人によっては、物質世界と同じように「見える」という人もいるし、そこまではっきりとは見えないが、「わかる」という人もいる。また、同じ人でも、あるときは明確に見えたのに、別のときにはまったく見えないということもある。

会話も、相手の言うことが声として聞こえる人もいるが、自分の中に言葉が浮かんでくるという人もいる。後者の場合は、自問して自答しているような、ひとり芝居をしているような感じだ。

ただ、どういう形式であれ、死後世界での体験が増すにつれ、裏付けがとれるようになり、確信できるようになる。

第6章　救出活動

死後世界にいる人やそこに広がるさまざまな世界を知覚するには慣れが必要である。初めて訪れたときにはっきりと知覚できる人もいるが、まったく何も知覚できない人も多い。

また、最初はできてもその後はうまくできない人もいるし、あるときはうまくいき、別のときにはうまくいかないというふうに不安定な人もいる。

いずれの人の場合も、知覚能力を高めるには、死後世界に慣れることが重要である。死後世界に短い時間で慣れ親しみ、知覚能力を向上させてくれるすばらしい方法がある。それは救出活動と呼ばれるものだ。

救出活動は知覚能力を高めてくれるだけでなく、自分の体験が本当なのか疑っている人に自信を持たせてくれるという効果もある。

救出活動とは、フォーカス23から26にいる人をフォーカス27へ連れて行くことをいう。英語ではレトリーバルまたはレスキューと呼ばれる。

フォーカス23から26はフォーカス27に比べて自由度が少ない世界である。そこにいる人たちは狭い世界の中に閉じ込められているし、次の生へ移っていくことができない。

そういう不自由な世界から自由な世界へ連れて行くのが救出活動である。

救出活動はフォーカス27にいるヘルパーやガイドたちによって常時なされている。ただ、我々生きている人間が手助けをすることで、より効果的に行なうことができる。

実はフォーカス23から26に囚われている人にはヘルパーやガイドの姿は見えにくい。特に23にいる人は往々にして意識が物質世界へ向いているので、ヘルパーらにはまったく気づかない。ちょうど我々にヘルパーが見えないのと同じである。

それに比べて、我々はまだ肉体を持っているので、我々には気づきやすいのだ。だから、我々とヘルパーらがチームを組んでいくと、比較的簡単に救出できる。

我々は、囚われている人たちの注意を引き付ける、ある意味エサのようなものだ。

こちらに気づいてくれさえすれば、後はあの手この手でフォーカス27へと連れて行ける。

救出活動の意義

救出活動には他者への貢献と自分への貢献というふたつの面がある。

まず、前者だが、フォーカス23から26という自由度の少ない世界に囚われている人を、より自由度の大きなフォーカス27へと連れて行くので、他者へ貢献している。

場合によっては、後でお話しするが、救出した人が自分の過去世ということもある。あるいは、今の自分の隠れていた側面ということもある。そういう場合は、自分への貢献となる。

救出活動をすることで、死後世界が知覚できるようになったという人も多い。ガイドとのつながりに自信が持てるようになったという人もいる。救出時に受け取った情報を後で現実の情報と比較して確証を得て、体験が本当だという確信が持てるようになった人もいる。これらはすべて、自分への貢献ということになる。

このように救出活動は大きな意義を持っているので、モンロー研究所ではこの活動を積極的に行なっている。

救出活動のプロセスの流れ

それでは、実際にどういうふうにやるのか、その流れをお話しする。

（1）まず救出活動をしたい旨を述べる。目標とする特定の人がいる場合はその名前なりを述べる。ただ通常は限定しないで、ヘルパーたちに任せる。
（2）フォーカス27へ移動する。
（3）そこでヘルパーやガイドたちと会う。
（4）いっしょにフォーカス23または必要なフォーカス・レベルへと降りていく。
（5）目標のフォーカス・レベルへ着いたら、誰かいないか探す。すぐそばにいるはずなので、誰も見えない場合でも、「誰かいますか？」と声をかける。
（6）状況を把握する、情報をつかむ。

たいてい何かが知覚にひっかかる。かすかな場合が多いが、それを拾うようにする。情報が意識に上ってくることもある。

（たとえば、名前、男、バイク、胸が痛い、交通事故で死んだ、雨の夕方、寒い）

（7）断片的な情報を元にして、すばやく次の行動に出る。

（たとえば、「今、救急車が来ますからね。ちょっと待ってくださいね」と言う。こういった言葉もふと思いつくという感じだ）

（8）行動に対する反応がある。
（すると、実際に救急車がやってくる。ヘルパーたちがあらかじめ救急車を用意していたので、さっきの文を思いついたとも言える。救急車から救急隊員が降りてきて、男性をストレッチャーに乗せて、車内へ）

（9）Ｆ27へ連れて行く。
（自分もいっしょに救急車に乗ってＦ27へ行く場合と、その場に残って見送る場合とある。いっしょに行く場合は、Ｆ27に着くまでの間に会話を通してさらに情報が来ることもある）

（10）Ｆ27の受け入れの場に着く。出迎えが来ているので手渡す。

（F27の病院が見えてくる。救急車が止まり、男性を降ろして、急いで中へ運び込む。すると、出迎えの医師や看護師が来たので、彼らに手渡し、男性を見送る）

ざっとこんな流れだ。ただ実際にどういう展開になるかは、出たとこ勝負という感が強い。その時その時で、臨機応変に対応する。その醍醐味がまたいい。自分の直感を信じて、行動しなければならないので、直感を鍛えることもできる。

これまでに数多くの参加者が救出活動を行なっている。救出現場でとっさにひらめく事柄には感心させられるものが多い。

例を紹介しよう。

F23へ着くと、大物政治家Aが執務室にいて、立派な椅子に座っているのが見えた。

とっさに黒塗りの車でそこへ乗り付け、Aのところへ行く。

「東京地検特捜部の者だ」

そう言うと、Aは観念したのか、

「ついに来たか」と言い、車に乗り込んできた。

そのまま車でF27へ連れていった。

黒塗りの車で乗り付けて、「東京地検特捜部の者だ」と言うなんてことをよく思いつくものだと思う。こういうひらめきはガイドからもらっている可能性が高い。

救出はいとも簡単にできてしまうこともある。一例を挙げる。

フォーカス23へ着いたら、目の前に女性がいた。

「あっちのほうへ、光のほうへ進んでください」と言うと、女性はそちらを向き、何かに気がついたのか、はっとした表情をして、そのまま光のほうへ向かい、光の中へと消えていった。

これも立派な救出活動である。おそらくヘルパーが彼女の知り合いの姿になって、そばまで来ていたのだろう。彼女はそれに気がついて、いっしょに上へと向かったのだ。

こういうふうに、囚われている人をヘルパーに手渡すだけでいい場合も多い。後はヘルパーたちがうまくやってくれるのだ。

モンロー研究所のヘミシンク・プログラムの中ではライフラインが死後世界探索と救出活動を学ぶためのものだ。

このプログラムではフォーカス23から27までを探索した後、救出活動を行なう。ほとんどのセッションでは特に救出する目標を決めないで、ヘルパーやガイドたちに任せる。最後に行なうセッションだけは、あらかじめターゲットを決めておく。

そのやり方だが、4人ほどのグループを作り、それぞれが救出してほしい（あるいは今の状況についての情報を得てほしい）人の名前を紙に書く。その際、自分がよく知っている人にする。紙をだれの物かわからないように混ぜ、その中から各自が1枚引いて、中に書かれた人を目標にする。

各自は自分の選んだ紙に書かれた人の今の状況について調べる。フォーカス23から26にいるようなら、27へ救出する。

このセッションを「ターゲットを決めた救出活動」と呼ぶ。

セッション後、自分が持ち帰った情報（特に生前についての情報）を名前を書いた人に伝え、本人と比較する。

名前を書いた人が知らない情報も多いので、情報が合ってるのかどうか判断できないこともある。そういった部分を除くと、持ち帰った情報がある程一致する場合が多く、ほぼ合っていることもある。

このセッションで自信を深める人がけっこういる。

救出の体験例

まずは自分の体験をいくつか紹介したい。『死後体験』からとる。

27に着いた。ガイドに救出活動をしたいと言い、しばらく待つ。ちょっとうとうとした。気がつくと、ある女性と会話をしていた。あるいは女性から次の情報が入ってきていた。

その女性は夫が子供に暴力を振るうのが耐えられなかった。

「あなた、そんなことしちゃだめ！」

女性は絶叫したが、子供は死んでしまった。しかたがないので自分もこちらへ来てしまったと言う。

女性は二、三人の子供たちといっしょに公園で遊んでいる印象。姿ははっきりとは見えない。子供はみな2、3歳ぐらいの印象。公園の植え込みが見える。

「ここならパパにじゃまされないでしょ」

と女性が言った。

「でもいつまでもここで遊んでいるわけにはいかないんじゃないですか」

そう言うと、女性はちょっと考え込んでしまった。

「でも他に行くところもないし」

「もっといいところ知ってますよ。いっしょに来ますか」

上昇する。いっしょに来るか心配だったが、目の前に何かいるのがわかる。何か人数が増えたようだ。他にも母親と子供がいたのか。

どんどん上がっていく。大分たって前方に大きな部屋がかすかに見えてきた。赤いじゅうたんが敷き詰めてあり、ところどころ金色の刺繍か何かの模様が見える。壁や柱は白か、ベージュ色。彼女たちはいつの間にかどこかにいなくなった。左側に一列に人が並びお辞儀をしたりして、出迎えている。そのまましばらくここにいて部屋の様子をもっと調べることにした。部屋はホテルのロビーのような感じで、柱は太く乳白色で大理石風。もっと奥のほうに行くと、じゅうたんが真っ赤でも模様がなくなった。

別の例を挙げる。『死後体験』から載せる。


27に着いた。自分のビーチへ行く。白いテーブルとパラソルを作り、ガイド達を招待する。何人か来たような感じ。

ガイドにいっしょに救出活動に行きたい旨を告げる。

暗くなる。真っ暗な中でしばらく待つことにする。すると、ぼんやりとした光の塊が目の前を右から左へ移動していった。ソファーのような形をしている。目の前でゆらゆら揺れている。

よくフォーカス23で光の塊のようなものが真っ暗な空間に浮いているのを見るこ

とがある。近寄ってみると、その中に景色が見え、さらに中に入ると、一つの小さな世界が広がっている。そこはそこに囚われている人の思いが創り出した世界なのだ。

今回はソファーかと思っていると、ガイドの声。

「よく見てごらん」

じっと見る。家という印象。中へ入った。黒い絨毯が敷いてある。はっきりした白い模様がある。ソファーなどの家具が見える。人はいないのだろうか。目を別の方向へ動かすと、台所に人影が見える。冷蔵庫を開けている様子だ。妊婦か。いや、太った女性だ。ものすごく太っている。腰のあたりが直径で1メートル以上ありそうだ。足首までのスカートをはいている。

「食べないと死んじゃうから」

と言う。印象として、前世で餓死したのか。

「食べたので寝る」と言って、ベッドに入った。しばらくして声をかける。

「名前は何ですか」

メアリーと言ったかもしれない。よくわからない。

女性は起き上がって、冷蔵庫に行き、また食べ始めた。

「ここは狭いけど、もっと広くていいところ知ってますよ。食べ放題だし」

女性は興味を示した。

「いっしょに行きませんか」

「行きたい」と言う。

ただ、どうやってここから出るかだ。太っていてとても飛べそうにないし。ま、いいか、いつもの手で行くか。

「いっしょに飛び上がれますか」

女性はそんなのはわけないと言う。風船みたいに軽いからとのこと。何となく納得する。

いっしょに上に上がる。天井を付きぬけ、あっという間に空に上がった。女性は上のほうにいて、どんどん上がっていく。何となく、ビア樽みたいな形の存在になった。空は暗くなった。早く着かないかと、少し心配していると、女性は何か言ったかと、聞いてきた。

「いや、早く着かないかなと言っただけですよ」

すると、前方に紫色のアプローチと、その先に白い洋館が見えてきた。ホワイトハウスみたいな形をしている。アプローチの両脇は暗い。女性は中に入ったのか消えた。

「中に入って見ていいかな」

とガイドに聞く。ＯＫとのこと。中へ入る。

この辺でテープの声がフォーカス21へ帰るように指示する。まだ帰れないと思い、ヘッドフォンをはずして先を続ける。

中はビクトリア調の室内。少し部屋の中を見て回った。白い壁紙に花柄が付いている。女性はどんどん奥へ入って行く。後を何人かの人がついていく。追いかけていくと、広い部屋に出た。白い壁、白木のような明るい床が見える。女性はテーブルについて、早速食べ始めていた。付いてきた男性が一人着席し食べ始めた。

「ここではいくらでも食べていいんですよ」

と男性が言った。女性は食べることに罪の意識を持っていたらしい。男性もたくさん食べることで、ここでは食べても問題ないことを示そうとしていた。

隣の部屋のほうに行き、ガイドにもう帰っていいか聞く。

「よくできた。もういいですよ」

ヘッドフォンを付けると、ちょうどフォーカス18のあたりだった。テープに従い

C1へ帰還。

次は集団を救出する例を3つ紹介したい。まずは『死後体験Ⅱ』から。

23に着く。自分の頭の上がやたら明るく輝き、まるでサーチライトをつけているみたいだ。光は前方だけでなく四方八方へ放射されているようだ。ガイドの光なのだろうか。強烈な光だ。

黄色い麦畑のようなところに来た。草の高さが1メートルぐらいだ。

気がつくと、まわりに黒いガウンを頭からすっぽりかぶった人たちが20名ほど集まっている。私の光がみなを集めたのだろうか。

彼ら（彼女ら?）は目の部分が二つ不気味に光っている。（後で思うとイスラム女性が着ているような服装だった）

彼らを全員27へ連れて帰らないといけない。こんな大勢をどうやって連れて行く

のだろうか。バスでもないだろうか。

途方にくれてしまう。

昨日、参加者の一人のシンディーがエスカレータを作ってたくさんの人を一挙に27へ連れて行ったと話していたことを思い出した。

「みなさん、こちらへどうぞ」

自分の後ろ側にエスカレーターを作ろうと振り返ると、そこには既に道ができていた。木々の茂った薄暗い山の斜面に幅10メートルほどの土の道があり、大勢の人が既に登っている。数百人はいるだろうか。歩いていく後姿がはっきり見える。

そうか、ガイドたちがすでに道を作ってくれていたんだ。

「どこへ行くか見たいですか」

ガイドが聞いてきた。

「もちろん」

場面が変わる。教会の礼拝堂のような長イスが並んだ場所にいる。多数の人が座っている。

いつの間にかサーチライトを光らせた自分は皆の前にいた。皆に何かを話しているのだろうか。よくわからない。

「もう帰っていいですよ」

ガイドにそう言われたので、帰還。


次に『死後体験Ⅳ　２０１２人類大転換』から2例をとる。


フォーカス27に到着。ガイドに来てもらう。

右にひとり、左にひとり、ともに自分よりも背が高い。右にいるのはかなりくだけた感じの人だ。

フォーカス25へ救出に行きたいとお願いする。

軍人の集団が見えてきた。野外の観覧席のようなところに、列を成して座っている。数百人はいる。現代的な服装だ。

場面が少し変わったのか、今度は数千人規模の軍人が見える。先ほどとは違い、観覧席ではなく、草原のような開けた場所にいる。

これだけの人数を救出するにはどうすればいいのか、声をかけるとこちらを見るだろうか、と思い悩む。

そういえば、Tさんが日本人の軍人を救出するのに、乃木希典のいでたちに変身してうまくいったと言っていた。

偉い人になることにする。

「諸君は任地が変わった。これから新たな任地へ行くことになった」

そう言って、移動のための列車を用意することにする。

するとすぐに列車が現れ、こちら向きに走ってきてホームのようなところで止まった。

「列車に乗って移動していただきたい」

みなぞろぞろと列車に乗り込み始めた。かなりの人数が乗ったところで発車した。

列車じゃ空を飛べないから、飛行機にすればよかったと思ったが、ま、いい、いつもの手で行くことにする。

「この列車は最新技術で作られているので、空を飛ぶことができる」

そう言うが早いか、列車は空に舞い上がった。各車両で折れ曲がり、くねくねとへビのように上へ登っていく。ここで初めて全体の長さが見えた。10両ほどだ。

そのままフォーカス27へ。

草原のような広いところへ着いた。数百人から千人ほどの人が列車から降りてくる。

「みなご苦労であった。温泉を用意したので、ゆっくりと静養していただきたい」

しばらくそこで様子を見とどけた後、その場を離れる。


次は旧日本海軍の軍艦に関連するものである。


少し前へ移動すると、巨大な戦艦の残骸のようなものが見えてきた。

青緑色の海水を通して百メートルほど前方に見える。船首をこちらにして向こうへ横たわっているようだ。砲塔のようなものもある。ただ全体が瓦礫の山になっていて、元の形を留めていない。

中へ入ろうと思うが、うまく入っていけない。

腰に付けたライトセーバーで切り開くことにする。何度か船体を切る。

中へ、艦内へ入った。

5メートル四方ほどの狭い部屋に半透明の球がいくつも浮いているのが見える。

直径が10センチから20センチほどだ。何だろうか。

それぞれは……人の霊だ！

10名ほどいるか。姿はない。

ここから出られないらしい。

ライトセーバーで天井に丸く穴をこじ開ける。

「ここから出られますよ」

と言うと、上へ幾人も出て行った。

船外へ出る。

船体全体を見渡すところにいる。ライトセーバーで何度も切り裂き、さらに額の第3の目のあたりから、強い光を放射して、船体に切れ目を入れる。

すると、青白い船体のあちこちから半透明の丸いものや、ひょろ長いものが上へ上がっていくのだ。人の霊だ。数百体か。

ここで、上へいっしょに上がって行こうとすると、「まだいる」とガイドに言われる。

どうも艦長らがいる。2名か。

「貴君らのこれまでの奮闘、ご苦労であった。陛下がお待ちしておられます」

こんな感じのもっと長い文を言った。今では思い出せない。

すると、ひとり、またひとりと軍服を着た将校らしき人たちが現れ、こちら向きに一列に並んだ。7、8名か。

先頭からふたり目が帽子を取り、お辞儀をした。

「ここに最新技術の発射装置を持ってきた。これで1名ずつ、上へ発射する」

と、とっさに思いついたことを言った。

ここで帰還命令が聞こえてきた。やばい。急がねば。

ひとりずつ上へと打ち上げた。後はガイドに任せることにする。

これは2006年9月に阿蘇で行なったセミナーでの体験だが、参加者の一人が、私が見たのは旧日本海軍の戦艦陸奥《むつ》かもしれないと指摘してくれた。第2次大戦中に呉沖で謎の大爆発を起して沈没したとのことだ。後で調べると、1943年6月8日のことで、この際1121名が犠牲になった。水深は50メートルほどのところである。

旧日本軍に関する救出活動をする人はかなりの頻度でいる。自分自身の過去世を救出した人もいる。

セミナー参加者の体験

それではいくつか参加者の体験手記を紹介しよう。

東さん（仮名）

今年もお盆が近づいてきました。

春に参加したライフラインの事を懐かしく思い出しながらお盆の準備をしています。

もう30年以上も前に亡くなった父は、4人兄弟の長男で3人の弟達を海で亡くしました。

一人は幼いときに漁師さんの船で遊んでいておぼれ、後の二人は海軍だったので戦争で。

私は戦後生まれなので叔父さんたちに会った事もありませんが、叔父さんたちを救出しょうと目的を持ってライフラインに参加しました。よく見ると大きな波に飲み込まれそうな、木の葉のような木造舟が一艘見えました。

救出活動が始まると、荒れ狂う大海原が見えました。よく見ると大きな波に飲み込まれそうな、木の葉のような木造舟が一艘見えました。

目をこらして海面をみると、波間に数え切れないほどの戦艦や救命ボートに乗った無表情な兵隊さんや、旭日旗が見えました。

私は、木造舟に幼い時に亡くなった叔父さん、戦艦の中に二人の叔父さんがいると思いました。その時、墨を流したような重くて暗い空に、観音菩薩が現れて海を照らしました。その場にいたもの達は全員、空の光のさすほうを見上げました。

私はどうしたらここの全員を、Ｆ27まで連れて行けるかと思いましたが、愛の力を信じる事にしました。

私は呼びかけました。

愛を思い出しなさい。父の愛を、母の愛を、妻の愛を、恋人の愛を、子供達の愛を――。

するとみんな光を目指して上っていきます。

私は急いでF27のテラスの所へ行きました。みんな海から上がったという格好でどんどんテラスの所へ上がってきます。

そこにはお父さん、お母さん、妻、恋人、子供達が大勢出迎えていて、みんな抱き合って泣いています。

愛はすべてを救う。

鶴岡さん（仮名）

普段、自宅でCDを聴いていても寝てしまうことが多く、また視覚よりも体感覚が勝っているため、なかなかハッキリとした［体験］というものが少ないのですが、やはり同好の氏が集まる宿泊セミナーはグループエネルギーの相乗効果もあり、明確な体験が起こりやすくなるようです。

「ターゲットを決めての救出活動」では20年前に亡くなった父を探して頂いたのですが、父から「私は愛情表現が苦手で、お前とは余り話も出来なかったがお前を心から愛していた。お前もとても頑張っているが、もっと周りに愛情表現を豊かにしたほうが良い。お前を誇りに思っている」というメッセージを貰いました。

DVやアル中等で家庭を顧みなかった父とは子供の頃から確執があり、中学生の頃から会話すら殆どしたことがありませんでした。死去後も一度も仏壇に線香一つあげたことすらありませんでしたが、8年前に自分が結婚し、子供が出来て親の立場になり、親の子に対する無条件の愛の深さに気が付きました。今回のセッションで、子供の頃から反抗ばかりするひとり息子にも、父は不器用ながら無条件の愛を持っていてくれたこと、その無条件の愛をうまく伝えられなかったことを後悔していること等を知りました。

次のセッションで自分の側面を救出して、レセプションセンターへ連れて行くと父と祖母が出迎えに来ていたので、受け渡した後、父を呼び止め20年ぶりの会話をしました。先程貰ったメッセージのお礼を言い、私の父でいてくれたこと、育ててくれたこと、今も見守ってくれていることへの感謝をしました。

父は47歳で亡くなっており、今私が43歳なのでほぼ同世代です。恥ずかしながらもハグしたら小さな父の体から無条件の愛情が伝わってきて静かな感動を覚えました。お互いに自然に涙が出ました。今まで父には愛されていないと思っていた自分を恥じたからでしょうか？　自分が親になった時に、もう父を心の中では許していたことを思い出したからでしょうか？

また会おうと約束し、Ｃ１（覚醒状態）へと戻ってきて我に返るとＣ１でも涙が一筋流れていました。寝た体勢になっているなら涙の軌道は横に流れるはずなのに、なぜか涙の軌道は下へ流れていました。父と抱き合ったのはＦ27だったのか、それともＣ１だったのか、不思議な感覚が残った今回のライフラインでした。

小川さん（仮名）

今日はＦ27体験コースでの体験をシェアしたいと思います。それはコース２日目、午後一番の救出活動でのことです。私はどんな事が起こるのか、わくわくしていました。

トレーナーの由香里さんのカウントアップする声と共にＦ27へと向かいます。公園に着くとすぐ、ヘルパーさんに来て貰うために待っていました。手の平を上に向けて、手を乗せて貰うイメージをします。

すると、そこに現れたのは、にゃんとも、かわいい猫の手！「えっ？猫ちゃん？」正直驚きましたが、考えてる余裕などないので、すぐにＦ23へ行くことに。

足の下にぽっかりと大きな穴があり、そこへ二人？で手を繋いでジャーンプ。スカイダイビングをしているように、手を繋いだ猫と私は、どんどん下降し続けます。

飛べるってなんだか気持ちいい、この感覚が好きだって思いつつもだんだんスピードがゆるまってゆき、ゆっくりとＦ23に着地します。

辺りを見渡すと真っ暗。「誰かいませんかぁ～？」取り敢えず叫んでみます。

すると暗い部屋の隅で、ごそごそと動く塊が。

近づいて見ると、猫に反応して出てきました。どうやら小さな女の子のような感じ。

「ねぇ猫ちゃんは好き？　さ、ママのところに一緒にいこうね」

すぐさま、その子を抱き抱えて、今度はＦ27へ上昇。光へと向かい上へ上へとまっしぐら。すごいスピードで昇っていきます。

Ｆ27に到着し、女の子はお母さんらしい人と視界の向こう側へと消えていくのを見届けました。なんか心から良かったと思う。

でもホッとする間もなく、すぐ2回目に挑戦。ヘルパーさんを呼んでみます。

またもや手を出して待っていると、今度はな、なんと、猫のしっぽ?!が手に乗っています。え、え?今度はしっぽなんだぁ～（苦笑）

でも又しても考えている余裕がないので、すぐさまF23へとダイビング。

F23はまた真っ暗ですが、「どなたかいませんかー?」と叫びます。

すると近くに、おばあさんのようなおばあさんのような女性の存在を感じます。ヘルパーの猫をなでなでしているので「猫が好きですか?」と声を掛けてみました。

「昔、飼っていた猫がいて……死んでしまった」

なんだか淋しそうに言います。どうやらこの人も猫好きみたい。

「その猫に逢いに行きませんか?　実はね、逢えるんですよ」

そして、その女性と共にF27へまっすぐ上昇。

到着すると、出迎えにきてくれた猫をみて思わず叫びました。「ヨモ～!」

よもぎ色の猫を見た瞬間、その猫は今年の春まで姉の家で飼われていた、猫だとわかったのです。（え、え、じゃ、さっきの女性って姉??）疑問が浮かびましたが、アナウンスがスペシャル・プレイスに行くようにというので、意識はそちらに向かいます。

自分が作ったスペシャル・プレイスは本当にスペシャルな作りで、宮殿のようなところなんです。

玄関前にずらっと整列したメイドやら執事やらに出迎えられ、「お嬢様お帰りなさいませ」と言われますが（いんや言わせてる?）、でも「お嬢様じゃないんだよ～ん」と思いながらも、すぐスパルームへと直行。

広い豪華なお部屋の中央に丸い白い陶器の浴槽が配置してあり、お花をいっぱい浮かべたスパに入ると本当に気持ちがいい。極楽極楽。

その後、セラピストにアロママッサージをして貰っていると、F21へ帰還のアナウンスが……。

なんか、いつもいいところで、帰れっていわれるよ～な気がするけど……なんでやねん。でも今回はちょびっと、救出活動もできたしね。良かったな～。これも猫ちゃんヘルパーのお蔭かな。でも猫が出てくるとは意外。これって猫の手も借りたい程、忙しいんだよ！というガイドさんからのメッセージなのかしら。そうだよね。いっぱい救出を待っている人がいるものね。ヘルパー猫ちゃんまたお願い致しますだにゃん。おしまい。

若田さん（仮名）

フォーカス27体験コースに参加させていただきました。

今回参加を決めた理由は7年前になくなった友人と昨年なくなった祖父に会いたいと思っていたからです。

実はゲートウェイ・ヴォエッジで祖父がどうしているか見に行ったのですが、亡くなった病室にそのままいるような気がしました。当時はどうしたらいいかわからず、特に会話をすることもありませんでした。

友人には1日目のフォーカス27のセッションで再会できました。

自分のスペシャル・プレイスで再会してみると、生前と変わらない様子で挨拶してくれました。

彼は映画や芸術が好きで多才な人だったので、「続きが気になっている映画や漫画はあるか」聞いてみました。

すると「もう物質世界にはあんまり興味がないんだ」と言っていました。

2日目、救出セッションの時間に祖父を訪れました。ずっと病室にいたようでした。

話しかけてみると、「ご先祖様の位牌がほしい」、「（生前住んでいた）家に帰りたい」ということでした。位牌を渡し、家まで案内すると、満足してくれたようで一緒にフォーカス27まで行きました。

思い返すと、祖父はご先祖様がすきでした。また、亡くなる前の1年間は老人ホームで生活し、病院で亡くなりました。そして、そのまま火葬場に行ったので家に帰りたかったのかなと思います。

友人と祖父どちらも気になっていたので会うことができてよかったです。

今後、ライフライン・プログラムにも参加したいと考えています。今後ともよろしくお願いします。ありがとうございました。

千田さん（仮名）

〈1回目の救出活動〉

セッションの目的を「過去世の自分を救出すること」に設定してアファメーションで唱えた。

F27へ。そこからF23へ向かう。

トンネルが見えてきた。岩山が見える。１５６３という数字が心に浮かぶ。１５６３年のことか。

銀、落盤事故という言葉が浮かぶ。銀の採掘をしていた鉱山で落盤事故が起こって生き埋めになったらしい。

トンネルの中を明るく照らしてみる。ジョーという名が浮かぶ。顔が見える。鼻の高い白人だ。イギリス人？

エネルギー・バー・ツールで照らして誘導する。そのままF27へ。２、３人が出迎えに来ている。こちらもイギリス人のようだ。

救出活動終了。

〈2回目の救出活動〉

今回もセッションの目的を「過去世の自分を救出すること」に設定してアファメーションで唱えた。

橋が見える。船という言葉が頭に浮かぶ。帆船が見える。続いて16という数字が浮かぶ。16世紀か。

インド、大航海時代、香辛料という言葉が浮かぶ。

漂流している。食料がなくなった。イギリスまたはオランダからインドへ行こうとして漂流したようだ。

船の横腹をエネルギー・バー・ツールで切ってみる。卵みたいな丸い物がどっと出てきた。人の形をしていない。魚の横を切ったみたいな感じだ。

大きな布ですくってF27へ持って行こうと思ったが、何度やってもすくいあげることができない。船を浄化しないとダメというメッセージ。

船ごと浄化すると、みんな泡のように上昇していった。浄化されたらしい。

救出活動終了。自分の過去世だったかどうかは不明。


〈3回目の救出活動〉

以前、催眠療法を受けた際に、囚われている自分がいるらしいことがわかっていたので、セッションの目的を「囚われている過去世の自分を救出すること」に設定してアファメーションで唱えた。

Ｆ27へ行く。さらにＦ23へ。高い岩山の上で座禅してる修行僧が見えた。過去世の自分であるという直感があった。中国という言葉が頭に浮かんだ。

修行僧からは強い意志の力を感じた。意志の力が強くて近寄れない。周りにエネルギーの結界のようなものができていて、近寄ることも話しかけることもできない。

浄化のために癒しの光で照らしても蒸発してしまう。修行僧の周り全体を切り取ってＦ27に持って行こうとしたが持ち上がらない。

救出はできなかった。だんだん自分の眉間が痛くなり、セッション後もしばらく痛みが続いた。

〈4回目の救出活動〉

以前亡くなった大学時代の部活動（武道）の監督を探しに行く。練習熱心だったのでたぶんあの世でも道場を開いていると思う。

Ｆ27からＦ23に向かう途中、予想どおり道場を開いて弟子達と練習している姿が見えた。Ｆ25、26あたりか。

救出活動を試みる。

監督の思考は単純なので、「上のほうにもっと豪華な道場がありますよ」と言うと、「おお、そうか」と言ってついてきた。

救出活動としては簡単だった。

串田さん（仮名）

いっぱいの人が見える。農村の風景。

西洋の平地の広い畑、曇り、季節は日本でいう秋、冬の前のよう。

ジャン・フランソワ・ミレーの絵画「落穂拾い」の雰囲気とよく似ている。

時代を問いかけてみる、数字が言葉として浮かぶ。1956または1856年。

「9」か「8」かがはっきりとは知覚できない。

農作物が育たない、食べ物がない、貧しいというイメージが浮かぶ。

飢饉なのか。

人々の表情がくらい。人々の会話も聞こえない。地面に目線を向けている様子。

どこの国かよくわからない。日本ではない。

「恐怖」「不安」の感情が伝わってくる。

「食べ物がこっちにあるよ」と人々に呼びかける。

私をちらっと見るが、人々の行動は変わらない、呼びかけを何度かするうちに、やがてひとりの子供が近寄ってくる。5、6歳の男の子。少しづつ人々が私に近寄って集まってくる。

「あそこの中（宗教的な建物）にたくさん、みんなの分があります」と宗教的な建物を指さす。

そのまま町の宗教的な建物（貧しい教会のよう）に人々を促す。

いつの間にか人々が集まってくる。

私は建物には入らず。

人々が入った建物ごと、光のトンネルを通りＦ27へ。

池田さん（仮名）

〈1回目の救出活動〉

Ｆ27。両脇にガイドが来た。左は女性ガイド、右は男性ガイドだ。共に白い輪郭のみが見える。

中学生のときにシンナー遊びで死んだ子がいたことを思い出した。前にF22で見かけた。

その子の姿が目の前に浮かび上がってきた。ここはF22だと思う。

ビニールをかぶって苦しげな様子と、恍惚とした表情が交互に表れる。

話しかけても反応がない。抱えるようにして、エレベーターに乗せてあげる。

F27へ。家族が出迎えに来た。


〈2回目の救出活動〉

F23へ。小学生くらいの男の子。坊ちゃん刈りで、白い半袖開襟シャツを着て、半ズボンをはいている。

表情はなく、うつむいていた。

「どうして死んだの？」と聞いても、反応がない。

手をつなぐと、ちゃんとつないでくれた。

いっしょに歩いて行って、エレベーターに乗ってF27へ。

左側に女性のガイド、右側に男性のガイドがずっとついていてくれる。ガイドは輪郭だけが見える。

上昇し、ドアが開くと、家族が4、5人迎えに来ていた。

舟木さん（仮名）

2回目の救出活動のセッションで、クリックアウトしてしまい、ふと気がつくと、木々の中にいて人の足元だけが見えました。何人もいるようでしたが、「誰かいますか」と声をかけても返答がありません。自分のまわりにいる人のみを連れて無理矢理F27へ行き、残った人には「また来ます」と思いながら終了しました。F27からC1へ帰還途中、「原爆の映像から逃げないで」と「日本兵」という言葉が頭に浮かんできました。それで、先ほどの映像が広島の平和記念公園の映像だと妙に腑に落ちました。私は広島から参加させて頂きましたが、まったく原爆のことは頭になかったので、自分でも驚きました。

また、「日本兵」に関しては前回参加させて頂いたゲートウェイ・ヴォエッジのセッションの中で出会った二人の日本兵のことだと思いました。

それで次の救出活動の課題を以下に決めました。
（1）原爆
（2）日本兵
（3）閉所恐怖症の原因を知る
（1）と（2）は今回のセッション中に出た課題で、（3）は前もって課題として考えていました。

〈1回目の救出活動〉

F27へ。広島の原爆で亡くなった人たちを救出したいと思う。スペシャル・プレイスでガイドたちを集めた。知っているガイド2人を入れ全部で8名のガイドと打ち合わせをして、いっしょにF23へ。橋のたもとに着く。どこだろうかとまわりを見ると、平和公園わきの橋で渡った先に、黒っぽいもやったとしたエネルギーを感じる。渡ると制服を着た人たちの後ろ姿がたくさん見える。小学生だろうか。何とかしようと思うが誰も気づいてくれない。自分からまわりへ強くエネルギーが放射するようにすると、気づいて、皆が近づいてきた。

こんなに大勢では大変だと思い、20両ぐらいの列車を用意する。「家族が待ってる所へ行こう」と声をかけると、ぞろぞろ列車に乗ってくれた。それを2回繰り返し、2回目はいっしょにF27へ。

その途中、2人の子供に話しかけた。10歳か11歳くらいの女の子と男の子だ。

「何でここにいるの」と尋ねると、

「何人もお迎えが来て行ったが、僕たちには来なかったので、ここにいたの」

ということだった。


〈2回目の救出活動〉

前回のゲートウェイ・ヴォエッジで会った2人の日本兵の救出を試みる。

この前に見た映像を頭に浮かべるが、うまくいかない。

もう一度チャレンジすると、場所はどこだかわからないが、本人と話しをしている風景が浮かぶ。ハキハキと話しをする兵士で「自分は……」と言うたびに靴と靴が当たる音がする。

南方へ出兵して死んだ。部下といっしょだった。

2人をどうやって連れていこうかと思いながら抱えるようにして「家族が待っているから行こう」と声をかけＦ27へ。


〈3回目の救出活動〉

私は閉所恐怖症なのだが、年を重ねる程ひどくなってきたので、その原因を探り解消したいと思い、セッションへ。

すると、突然映像が。

小学校1年のときに、友だち何人かと遊んでいて、布団です巻きにされたときの映像が浮かんできた。それも頭も布団の中で、身動きが取れず、息ができなくて、死にそうだったことがバンと現れた。これを思い出すと、心がすっとして楽になりました。

井上さん（仮名）
Ｆ27でヘルパーに会う。中性的で背中に羽根が生えていて、長身。とてもきれいな顔立ちをしている。

私も羽根が欲しい、と思った瞬間に羽根が生えた。嬉しくなり、２人で飛びながらＦ27の公園内を散歩。自分のスペシャル・プレイスでお茶をして寛《くつろ》ぐ。それからヘルパー（名前はロイド？）と救出活動へ。二人の足先から、光輝く金粉がこぼれている。通った所に光の道ができるようだ。

Ｆ23（地面？）平らな所に、沢山の人が倒れている。乾燥して半分位はカラカラになっている感じ。余りにも対象が多くて、どうしようか悩み、リラックスしながら考えて、「フーッ……」と息をはいたら、ペラペラと立ち上がり、上がっていった。

私たちの通った所に金の道筋ができていて、そこを上がっていった。

野戦病院みたいな情景と、田口まさる、という名前？　と、６２４（推古朝には「田口姓」は存在していたようなので、年？）というメッセージ。

その後、ヘルパーと抱き合い、くるくる回る。２人は金色の卵のようになり、次の所へ。

炭鉱の様な所で、生き埋めになった人。カミジョウスグル、という名前が浮かぶ。

いつもの様に仕事をしていたら、「バーン‼」という音がし、埋まったようだ。

場所は、熊本県か、郡上八幡？　ハッキリしない。

奥さんと娘さんが一人いる。はじめは自分が死んだ事を認められなかったが、石を持ち上げられないので分かったようだった。

「ここには誰もいないようですし、休憩時間かもしれませんから、外へでましょう」と言って、みんなで建物の外に出たら上へ行った。

それからヘルパー（だと思われる）とスペシャル・プレイスで泳いだり、バナナ状の椅子で寛いだ。２人とも、黒っぽい物を勢いよく吐き出した。

第7章　自分の過去世や側面の救出

救出した人が実は過去世の自分だったということはよくある。あるいは、子供のときの自分ということもある。過去世の自分を今の自分が救出するというのはおかしいんじゃないか、と思う人もいるかもしれない。過去世の自分がフォーカス23に囚われているのなら、まだフォーカス27へ行けてないわけで、輪廻できてないはずだと。

確かに一人の自分が順に輪廻すると考えるならそうなる。ところが真実はそうではない。何人もの自分が並列に輪廻している。さらに、新たに自分を作り出し、それが新たに輪廻を始めるということも起こる。

こういった自分の集団をI／There（アイゼア、向こうの自分）とモンローは呼んだ。

過去世の自分の中にはフォーカス23や24から26に囚われている者が少なからずいる。私の場合、これまでにかなりの数の自分を救出してきた。そういう過去世の自分の例を挙げてみたい。

〈南洋の青年〉

この青年について初めて知ったのは、第3章にお話ししたが、アメリカから日本へ向かう飛行機の中で「天空の神殿」という古代の瞑想法を試したときだ。

次にゲートウェイ・ヴォエッジでは、大勢の住民が海岸で何らかの儀式を行なう光景を見た。そのときの自分は5歳ぐらいの子供だった。

その2か月後に初めてライフラインに参加したときに、1回目と2回目の救出活動では誰も救出できなかった。

1回目では海の中へ入っていくと、岩が散乱しているほか、誰も見当たらなかった。

2回目のセッションで岩を除いたりして、その下に閉じ込められている人の両腕がやっと見えてきたが、それでも救出はできなかった。一瞬、自分が岩の下に閉じ込められている人の視点になったこともあった。どうも、この南洋の青年だったときの自分が、岩の下敷きになっているようだった。

そしていよいよこれが最後というセッションになった。まず見えてきたのが海岸の浅瀬にあるアーチ状の岩だった。実は、この岩には見覚えがあった。

ゲートウェイ・ヴォエッジで、ガイドから5つのメッセージをもらうというセッションがあった。重要度の低い順に5つもらう。そのときの最重要メッセージが、まさにこの岩だったのだ。ゲートウェイのときは何のことだか皆目見当もつかなかった。

その岩のそばの海の中へ入っていく。以下、『死後体験』からとる。


どんどん潜っていく。なかなか底に着かない。海底に着く。

「どこにいますか」

返事なし。移動しながら聞く。返事なし。ブルース・モーエンがモンロー研での体験記を四冊の本に著しているが、その中でSee it not there Techniqueという手法を紹介している。これは「それはそこにないと見る」手法とでも訳せばいい。岩とかコンクリの塊とかに閉じ込められた人を救出するときに、手で一生懸命塊をどけようとしてもだめで、その代わりに塊がそこにはないと見る。すると塊は消え失せてしまうのである。今回このことを思い出したので、See it not there Techniqueを使ってみた。よく効果はわからなかったが、目の前に空隙が広がったようでもあった。どんどん前へ進む。誰もいない。真っ暗になる。

「ガイドさん、どうしてなんだ」

「Open up, Mas（心を開いてごらん）」

額の目を開く。青い海の底にいる。水がゆらゆら揺れている。目の前にぬめぬめゆらゆらした何かがいるのに気がついた。透明で海の水自体が動いているように見えるが何かがいる。プレデターという映画に出てきた宇宙人みたいな見え方をする。何となく控えめにちょっと期待しながら目の前にいる。名前を聞くが返事がない。そのまままいっしょに上へ上がっていく。水から出た瞬間、眩しいばかりの南国の海と砂浜を背景に、15才ぐらいの褐色の男の子が水面からぬっと出てきた。ポリネシアンか、黒人か。粘土色のぬめっとした髪が肩のちょっと上、耳の下ぐらいまで下がっている。二重瞼をちょっと伏し目がちにしている。ほんの2秒ほどだったが、彼の顔は今でもはっきりと思い出すことができる。イメージは次の瞬間にはぬるぬるした把握のできないものに変わってしまった。

一緒にさらに上へ昇って行く。姿がひょろ長いメタリックな巨大なヘビに変わった。全長は10メートルはあるか。胴の径は20センチ程度。左手にいて一緒に昇っていく。情報を得ようとするがまったく得られない。この人たちの信仰では死んだらヘビになると思っているのだろうか。

しばらくして27に着いた。ポートが見えてきた。真っ赤な絨毯が敷かれているのか、着地する場所は色鮮やかな赤。真ん中の部分が前に張り出している。奥には金色のデコレーションの建物が見える。金色の衣装をまとった太った人が4、5人迎えに来た。この人達は頭のてっぺんから足の先まで金ぴかである。何時の間にか、一緒にいたはずの人は出迎えの連中の中に混ざっていて区別がつかない。ただ、向こう向きの人がこちら向きの一人に軽くお辞儀をしている。皆そろって奥のほうへ歩いていき、中に入った。

ともかく､最終回でこの子を救出できほっとした。これが自分の最重要課題であったわけだから。

その後、この男性についてガイドから説明があった。以下、『死後体験』からとる。

この島には古いしきたりを守る部族と、守らない新しく入ってきた部族とがいた。二つの部族間には何かと対立、いがみ合いがあった。融和を図るため、両方の族長あるいはその親族の中から一組の男女の子供が選ばれ、婚約した。それが私と家内である。ところが、古い部族の中の融和に反対する者達が私を殺害した。その後、両部族は戦になった。

この過去世については後でさらに情報をもらった。それによると、この過去世の私が殺されたのは、二人がタブーを犯してしまったからとのことだった。これについてガイドにさらに質問すると、以下の展開になった。

やしのような木が何本も生えているところの陰で、私はだれかと話している。相手の男性が言う。

「彼女が妊娠した相手はおまえか?」

「いやー、あのー、そのー」と私はお茶を濁している。

「おまえがしたことがどんなことなのか、わかってるのか。おまえらはタブーを破ったんだぞ。これでみんながやってきたことがすべて水の泡だ。反対する連中を説き伏せて、やっとここまでこぎつけたのに。ふたりがいいなずけになることで、やっと敵対関係が解けるということだったのに。これですべておじゃんだ。おまえらは大変なことになるぞ」

この男は親友のようだ。

「いいか、ひとつだけおまえらが罰を受けずに済む手がある。逃げるんだ。これから逃げて明日の朝早くにX岬まで行けば、隣の島との間の浅瀬が干潮で地続きになるんだ。

そこを渡って、向こうの島へ逃げる。向こうは我々と仲がいいが、あいつらとは仲が悪い。こっちはあいつらと戦いになる。だから逃げてしばらく向こうにいるんだ。いいか。でも今晩中にあの岬まで行くんだ。そうでないと追っ手に捕まるぞ。さあ、行け」

この先は、夢の中で前見た。追っ手に追いつかれて、私はその場で弓で射殺された。殺したのは彼女の兄だ。

彼女のその後はわからない。

このいいなずけの女性も同じ場所に囚われている可能性があったのだが、２００7年になってやっと救出できた。そのときの経緯は『死後体験Ⅳ　２０１2年人類大転換』に書かれている。

この島がどこかについて、２０１1年にゲリー・ボーネル氏と対談したとき、ボーネル氏は多分バリ島だろうと言った。その北海岸とのことだった（『地球の『超』歩き方』（ヒカルランド）のＰ39参照）。

確かに、救出した青年の風貌は東南アジア人風で、ハワイやタヒチなどのポリネシアンではなかった。島民の風貌、島の様子、フォーカス27の受け入れの場の様子は、ポリネシアというよりは東南アジア風で、バリ島というのは合っている可能性がある。ただ、バリ島以外の島の可能性がないかと言うとそんなことはない。

〈ネイティブ・アメリカンの戦士〉

この過去世について最初に情報を得たのはライフラインに参加したときで、フォーカス15のセッションだった。過去世を見せてほしいと言うと、インデアンの酋長みたいな羽かざりを付けた人物像が見えた。さらに以下の体験が続いた。『死後体験』からとる。

ついで矢がどんどんこちらへ射掛けられて、馬に乗っている自分は逃げて行く。が、さらにどんどん矢が飛んでくる。どこでだったか今では覚えてないが、木で覆われた川の中に腰までつかって出られなくなった。矢に射られてここで死んだのだろうか。

情報はまだ断片的で、これだけでは全貌は見えなかった。4年後の2009年、私はバシャールという地球外生命体と交信できるようになっていた。バシャールの手助けを得て、過去世の自分を何人も救出することができた。『分裂する未来―ダークサイドとの抗争』（ハート出版）に詳しく書いたが、その中の一人がこのネイティブ・アメリカンの戦士だった。以下、同書からとる。文中、会話の相手はバシャールである。

「まだ救出できていない過去世がいくつもあると思うのですが、今回はそれらの救出を試みたいと思います。

だいぶ前に見た過去世の映像で、ネイティブ・アメリカンの戦士だったときの映像があります。

自分が馬に乗って逃げていくと、川に追い込まれて、そこで矢が刺さって死んだんですが、彼はどうも救出する必要があると思います」

水面に木の葉か何かがびっしりと浮かんでいるシーンを思いだした。身動きがとれない。そして無数の矢が飛んでくるのだ。

「そうだ。救出をしたいか」

「はい」

「彼は若いネイティブ・アメリカンの戦士だった。青年たちのリーダー的な存在だった。馬を操るのが得意で、馬上から矢を射ったり、槍を投げたりするのがうまかった。彼の父親は勇猛な戦士で、この部族の何人かいる長のひとりだった。父は彼以上に馬の扱いがうまかった。

当時、水やバファローの権利をめぐって、いくつかの部族の間でももめごとが起こっていた。

次第にふたつの大きなグループに分かれて戦うようになった」

気がつくと、馬に乗って走っていく。隣に父が馬で走っている。

「敵は我々の襲撃に気づいていないはずです。今度は難しい戦いにはならないでしょう」

「敵を甘く見てはならないぞ。息子よ。準備を怠るな。明日の早朝に奇襲をかける」

翌朝、敵の集落に襲いかかる。

すると、驚くべきことに、敵はすでに準備を整えていた。しかも、他部族の戦士たちまでも大勢いるのだ。

「これでは勝ち目はない。撤退だ！」

父の叫び声が聞こえる。

きびすを返す、今来た道を走って逃げる。

どこで道を間違ったのか、みなからはぐれ、森の中の水辺へ来てしまった。

浅瀬の中を馬で逃げる。水面に木の葉だろうか、何かが一面に浮かんでいる。背に敵の気配を感じながらも、なお逃げていく。

「このままでは追いつかれる！」

浅瀬にはまって、進む速度ががくんと落ちた。矢が飛んでくる音。

まわりに落ちる。なおも行くと、さらに何本もの矢が飛んできて、体じゅうに刺さった。

「馬から落ちてはいないぞ。まだ逃げられる」

そう思いながら、必死で逃げようとする。

「このまま捕まったら、辱めを受ける。それはいやだ。何とか逃げ延びねば」

馬上で前に突っ伏した格好で、なおも逃げようと思っている。

「でも、なんで俺は死なないんだ。これだけ矢が刺さったのに。早く逃げないと、敵に追いつかれるぞ」

とうの昔に死んだのに、彼はいつまでもそのままの状態でいるのだ。自分が死んだことに気づかずに。その思いの中にどっぷり浸かって、堂々巡りをしている。

「どうやって救出したらいいだろうか」

そう尋ねると、バシャールが答えた。

「イマジネーションを使えばいい」

ともかく、そこへ行ってみることにする。

ふと気がつくと、自分は白っぽい服をまとい、金色に輝いているのだ。

何かの神なのだろうか。馬に乗っているようだ。

この男のほうへ中空から近寄りながら、声をかける。

「ヌマンチェクよ。そちは死んだのじゃ」

「えっ？　そうだったんですか。……ということは、あなたは風の神ですか？」

なんだかわからないが、この際そういうことにする。

「いっしょに参ろう」

男は私の馬に飛び乗ってきた。実に身軽だ。

馬で走り出すと、空へ舞い上がっていく。

「すごい。空を飛ぶんだ。一度でいいから、こういうふうに飛んでみたかったんだ。これはすごいぞ」

男は単純に喜んでいる。実にシンプルな男だ。

すぐに草原に来た。男は何かを見出したのか、馬から飛び降りると前方へ走っていった。

父親と仲間たちだ。

男はその中へ入ると、喜び勇んで、そのまま前方へと消えていった。

「ありがとよ、じいさん」

と、男が言ってるような気がした。

「えっ？　じいさん」

そういえば、自分は長い白髭を生やした老人のような感じがする。

実は、このときの妻が今の家内の過去世だった。妻は私たちの帰りを集落で待っていた。そこへ敵が攻めてきた。ところが、そういう肝心なときに私がいなかった。そのときの記憶を今でもどこかで覚えているのか、今生でもよく言われる。「あなたはいつも肝心なときに、いないんだから」と。

〈国家のために戦った軍人〉

特定の種類の人や物事に対して、無条件に、ほぼ反射的に特定の感情を抱くことがある。

私は神社に対してなぜか強い反発を感じていた。それがムラムラと沸いてきたのが、2012年9月に初めて伊勢神宮に行ったときのことだ。

どうも単に神社というよりも、国家権力と結びついた神社に対して無性に腹が立つのである。何か根深いところに原因があるような気がした。過去世に関連するのかどうかわからなかったが。

それに関係するかどうか明らかでないが、だいぶ前に奇妙な夢を見た。2006年7月21日（金）の早朝に見たものである。以下、『伊勢神宮に秘められた謎』（ハート出版）からとる。

戦争に負けた。自分は軍人で、A級戦犯の末席のひとりだ。

前に門がある。それは神殿への神聖な入り口だ。そこを通ると、後ろで門の扉が閉まった。扉は上から降りて閉まるタイプで、扉が降りてくる際に左肩に当たった。何でこういうときに当たるのか、少し腹立たしい。

前に白い厳粛な道が続く。その数百メートル先には神殿がある。和風の造りではない。洋館だろうか。

自分は日本人の軍人のようだ。この道をすでに他の戦犯たちが通っていった。

自分は最後だ。そこを歩いていく。

だいぶ前を5名ほどの一団が行く。

自分は軍服を着ている。高貴な感じだ。国のために行ってきた。胸を張っていこうと思う。

他の連中は泣きくずれたりしている。

自分は軍帽をかぶっているが、真ん中分けの前髪がある。それが下がってくるのをさかんに上げる。めがねをかけているようだ。目に涙が溢れてきているようだ。

まっすぐに白い高貴な道を進む。

先の建物の前で、スーツ姿の文官が左手で口に刀を上から差込み、自殺をはかる。

この数名の中の最高位の人だ。死にきれず、まわりにいる5名ほどの同じような服装の文官にとどめを刺すように促す。

他の連中も血まみれだ。ナイフで首をかこうとするがうまくいかない。もうひとり右手からきた人が手伝おうとする。

私は、冷静に近寄り、「拳銃でとどめを刺していいか」、と尋ねる。自分も拳銃で死のうと思う。(刀は痛そうだ)。

右手に拳銃をとりだし、レボルバーの弾を調べる。入っていないようなので、弾を詰めようとして、目が覚めた。


この夢は旧日本軍についてのものだとすると、かなり変だ。日本の軍人には前髪はなかった。つまり坊主頭だ。それに、こういう感じで自決した文官はいないはずだ。それから旧陸軍はレボルバー(回転式拳銃)を使っていない。過去世で、どこか別の国でこんな体験をしたのか、あるいは、他の天体でした体験なのか。

『伊勢神宮に秘められた謎』を書いた2012年11月に、これは何となくオリオン大戦での体験のような気がしていた。オリオン大戦とは太古にオリオン座の方向にある星々で起こった星間戦争のことである。詳しくは、拙著『ピラミッド体験』(ハート出版)、『屋久島でヘミシンク』(アメーバブックス新社)などを参照されたい。

ある星に靖国神社に相当するような国家の神聖な神殿があり、軍人である自分は国のために働いた。が、国が敗れ、戦犯となって自決した。そういったことがあり、そのときの思いから、国家の神聖な神殿に対して怒りを覚えるのではないかとそのとき考えた。

実は、『伊勢神宮に秘められた謎』を書いた段階ではここまでしかわかっていなかったのだが、２０１２年12月にスターラインズⅡというプログラムを小淵沢で開催したときに、さらなる体験があった。

このプログラムではフォーカス34／35、42、49という高いレベルを探索する。こういうレベルまで行くと、地球以外の星や銀河系外の銀河にいる自分の分身たちとつながることができる。最後のセッションはこのプログラムの総まとめ的なもので、これまでに訪れた星々や銀河、銀河団を再訪問し、最終的に銀河系内へ戻る。

銀河系内を探索していると、私の高次レベルのガイドが話しかけてきた。

「あなたは地球生命系内の過去世の救出はほぼ終わった。後は銀河系内の他の星での救出をする必要がある。モンロー研に関わるみなに伝えて、みなでやる必要がある。まだあちこちの星に囚われている存在がいるのだ。

たとえばオリオン座の星にいる存在だ。例の軍人だった存在。この救出を今やってみよう。地球のＦ23や25に相当するところに囚われている。Ｆ27に相当するところへ連れて行く必要がある。

あの存在の尊敬していた将軍のフリをして行ってみるといい」

すると将軍のような身なりの年配の男性が自分の前に現れた。自分に話しかけてきた。なに？自分が救出される立場なのか？

「あなたは、本当は宇宙の真理を知りたかったんじゃなかったのか。そのために軍人になったんだろう。それを学べるところへ行こう。宇宙の真理を学ぶところへ行くのだ」

と将軍が言った。

「そうだった。俺は宇宙の真理が知りたかったんだ。だから、神聖な帝国である国家の軍人になろうと思った。そこで神聖な真理を学ぶことができると思ったのだ。それがいつの間にか、神聖国家の軍人になることにすり替わってしまった。そして国家のために戦った。

そうだ。俺は本当は宇宙の真理が知りたかったんだ。思い出したぞ」

前へ進んでいく。

「これはオリオン座のある星でのことだ。同様な形で囚われている存在が大勢いる。これからはこのタイプの宇宙的な救出が始まる」

「でもどうやるんですか。これはＦ42ですよね。多くの人はそういうＣＤを持っていません」

「イマジネーションを使うといい。Ｆ34／35ならスターラインズの卒業生が持っている。Ｆ42ならスターラインズⅡの卒業生が持っている。それらを持っている人は１００人ぐらいいる。だから彼らに呼びかければいい」

不思議なことに、この救出以降、神社に対してまったく反発を感じなくなった。無条件に持ってしまう感情は過去世や場合によってはこのケースのように地球にやってくる前に別の天体で体験した事柄が原因ということもある。

遥かな過去の出来事のように思われるかもしれないが、時間というものはあるようでいて、ないものなのだ。

なお、一般の読者には関係ないが、ここで高次レベルのガイドから言われたように、スターラインズやスターラインズⅡ卒業生のみなさんは、地球外の星での過去世で囚われている者が多数いるとのことなので、救出活動を行なってほしい。

セミナー参加者の体験

参加者の救出活動の報告を聞いていると、かなりの割合でその人自身の過去世を救出したケースがある。初めからそれを目的として救出活動に入る人もいる。前章で紹介した千田さん（仮名）がそうだ。

救出する際に自分の過去世だとその場で直感的にわかるときもあるし、ガイドがそう教えてくれることもある。そのときには気がつかなくても、後で、どうもあの人は過去の自分だったんじゃないのかと思えてくることもある。

救出する相手は、何らかの形で自分とつながりのある人のことが多いようだ。

それでは、セミナー参加者の体験をひとつ紹介したい。

医師の石川さん（仮名）の話である。彼は小淵沢でのゲートウェイ・ヴォエッジに参加された後、大阪でのフォーカス27体験コースで救出活動を行なった。そうした体験を通して、旧日本海軍士官としての過去世（前世）が鮮やかに蘇ってきたのだ。以下、手記を載せる。

ヘミシンクを初めて聞いたときの印象は、最初の波の音でのリラクゼーションが全くリラクゼーションにはならず、過去の回想となってしまったことです。大きな波の音は、海の中に巻き込まれていく様子（まさに映画「タイタニック」の沈没シーン）を彷彿とさせるものでした。

以前より、映画の潜水艦ものは非常に好きで、何やら、あたかもその主人公になっている感があり、潜水艦乗組員、旧日本海軍士官の姿をした人物とは何かの縁を感じるものでした。

広島での入門コース（エクスカージョン・ワークショップ）に参加したとき、セッション4で、ある力により海岸から小船で大海原に連れて行かれ、そのまま海中に没してしまうことになるのですが、そこで旧日本海軍士官の姿をした人物と遭遇することになったのです。

また小淵沢でのゲートウェイ・ヴォエッジの3日目、第3セッションのフォーカス15でも、この人物が現れ、てっきりこの人物はいわゆるガイドさんだと思っておりました。

しかし3日目の第5セッションのザ・ビジットで、日本から遠く離れた南太平洋、パプアニューギニア？の海岸で、故郷をなつかしく思うその海軍士官とともに山を登ることになった時に、次第にその海軍士官と自分とが一体化していくのを感じるようになり、ガイドさんと思っていたのが実は自分の過去世であると確信するにいたりました。

その頃より何かにつけ航空母艦の乗組員として、甲板に整列し帽子を振りながら出撃する艦載機を見送るシーンが想起されることが多くなりました。

大阪でのフォーカス27体験コース（12月8日奇しくも真珠湾攻撃の日）では、その海軍士官が、撃沈され水没していく空母蒼龍《そうりゅう》とともに海の中にのみ込まれ、巻き込まれる場面に遭遇。その際には艦とともに沈みゆく多くの人の中で、一人の若い少年水兵を助けることにもなりました。血縁の者で先の太平洋戦争で戦死した者はおらず、親戚筋にも広島には縁の有る人もおりません。

それが不思議なことにこの数年、何かにつけ広島に深いご縁ができておりました。しかしその原因がよく分らなかったわけですが、広島での入門コース2日目、ホテルからセミナー会場に向かうタクシーの中で、ふと私の母の乳母が現れ、その乳母との関係で広島との結びつきが強くなったのではないかと感じるにいたりました。

母と乳母は非常に仲がよく、私が小学生時代にはよく家に遊びに来ておりました。乳母という存在は、現代ではほとんどありませんが、乳母として奉公に来るには、いろいろな過去を背負っているものと思います。その乳母は呉の出身で、その関係で、私の前世にも関連してきているようなのです。

広島、呉、江田島、宮島。これは呉海軍基地、江田島海軍兵学校、宮島海軍要塞、海軍兵学校生徒の弥山登山競争などに関連しています。

ここ数年、阪神間に住みながら、何かと広島づいており、不思議なことに私の周りには広島関連のでき事が多くなっておりました。

年に数回訪れている宮島・弥山および宮浜温泉のある旅館の御主人とのご縁。その関係でご紹介頂いた上田さん（仮名）とは、何気ない話から目に見えない世界の話となり、いろいろビックリするようなことを教えて頂くようになっていきます。

旧江田島海軍兵学校跡（現在自衛隊幹部候補生学校）には2度見学にいきましたが、妙に郷愁を感じておりました。また現在建築中の医療ビルの設計監理は、地元の大阪、神戸の会社ではなく広島の会社にお願いしています。長男は現在広島大学の学生。最初のヘミシンク入門コースは数ある中で広島。

ずいぶん昔になりますが、大学選択時には、防衛大学、防衛医大希望であったのも（母のたっての願いにより断念）、今から考えると妙に合点がいくものとなりました。

私の前世は、江田島海軍兵学校卒業の海軍士官ではないかと感じています。最初は潜水艦に配属され、そののち航空母艦配属となり、ミッドウェイにて戦死。

広島をキーワードにして、今までもやもやとしてその関連性がはっきりしていなかったもろもろの出来事が、ヘミシンクの体験を通して、一本の糸で繋がっていくのが分かるように思います。

側面の救出

救出した人が過去世ではなく、今生の自分の場合もある。

たとえば、家の中でひとり寂しそうにしている子どものときの自分を救出したとか、暗い部屋で酒びたりになっている若いときの自分を救出したとか。

ここまでの人生で苦しかったり、悲しかったり、さびしかったりしたときの自分、恥ずかしかったときの自分、傷ついた自分など、どこかの段階で心の奥に抑え込んで忘れてしまった自分である。自分の本体から切り離した自分（側面）と言っていい。

何かになりたかったのに、途中であきらめた場合、そのときの自分が切り離されていることがある。

そういう自分を救出することは、心の奥に隠れていて、本体から切り離されていた自分の一部を自分の中へ取り戻すことでもある。

モンロー研のヘミシンク・プログラムにはさまざまな種類があるが、どのプログラムに参加しても、その目的の一部として、自分の側面を取り戻すということが必ず含まれている。

ここで、自分の側面とは、今生の自分の一部だけでなく、過去世の自分や他の生命系に生きる自分をも含んでいる。

そういった自分の側面たちをすべて取り戻すことに大きな意義がある。

第8章　過去世の存在を確信する

ヘミシンクを聴くことで、自分には多くの過去世があることが次第にわかってくる。自分が、今生きているこの自分だけではなく、遠い過去から連綿と続く存在なのだということを実感するのである。

過去世の自分を救出するという形で、過去世について知る場合もあるが、むしろフォーカス15で過去世を直接知ることが多い。

フォーカス15は時間の束縛から自由になる状態だからだ。なので、死後世界を体験する前の段階でも過去世は十分に体験できる。

実際、アクアヴィジョン・アカデミーの開催するヘミシンク・セミナーでは、ゲートウェイ・ヴォエッジや、Ｆ15を体験する１日コースで体験する人が多い。

フォーカス15で過去世を体験する方法について詳しく書かれた本がある。『超時空体験マニュアル』（ハート出版）で、著者はアクアヴィジョンのトレーナーであり、モンロー研のアウトリーチ・ファシリテーターである芝根秀和さんだ。

これを読めば、時間空間を超えて存在する数多くの自分を、ヘミシンクを使って体験する具体的な方法がわかる。興味のある方はぜひ一読をお勧めする。

過去世についての情報はほとんどの場合、断片的に来る。全体像を知るのに何年もかかるのが普通だ。

たとえば、前章でお話しした南洋の青年について初めて情報を得たのは、94年頃のことだ。その後、２００１年にゲートウェイ・ヴォエッジでさらに情報が来て、ライフラインで救出した。２００９年になって、より詳しい話を聞かされた。その間、夢という形でも断片情報はやってきた。ということで、全貌を知るのに足掛け15年かかったわけだ。

私の過去世については、前章にそのうちのいくつかをお話ししたが、もう一つ、今の自分に大きな影響を及ぼしているものがある。それは古代ギリシャ時代にエーゲ海の海岸沿いにある洞窟内で瞑想をしていた僧である。この人についての情報も何年にもわたって断片的に来た。

〈古代ギリシャの瞑想者〉

ゲートウェイ・ヴォエッジでの「5つのメッセージ」のセッションで、2番目に重要なメッセージは、洞窟内から外の海を見た映像だった。青い海と青い空が暗い洞窟内と鮮やかな対照をなしていた。

ライフラインでは、あるセッションで不思議な体験をした。ミーティング・ルームでみなで輪になって瞑想していると、部屋が変形してギリシャ風になり、さらに外が一面、水と緑で囲まれたのだ。何か、過去にこういう場所で輪になって瞑想していたことがあったように思えた。

その後、タイムラインというプログラムを2004年9月にとり、その意味がわかった。『死後体験Ⅲ』からとる。

赤い絨毯のようなものが敷かれた前方へ長い部屋の一番端にいる。かなり開放的な明るい場所だ。左右の壁に沿って前方へ向かって人が座っている。

部屋の向こう端には大きな開口部があり、その外は森が広がっている。乾燥したさわやかな場所だ。

ここはかなり高いところにある。

指示で足を見る。

サンダルを履いているという印象。

次の指示で服装を見る。

足くびまである白い服の印象。ギリシャ人が着ているようなものだ。以前にライフラインで見たギリシャあたりで瞑想していたときのことか。

ここまでは明るい映像。

次いで、暗い映像になる。暗い中に坊主頭が何百人も見える。岩の洞窟内。海岸沿いにある。黒い岩肌。青黒い海水。

波が洞窟内まで流れ込んでいる。洞窟内で波がうねり、岩肌を濡らす。海水のぬるぬるした感触が伝わってくる。

私は何かの修行僧という印象だ。どこかでピンポンと聞こえる（つまり正しいということ)。

指示が、人生のいくつかの場面を順に見るように言う。

どれも薄暗い中に何百もの人の頭が見える。よくわからない。

岩がごろごろした海岸と洞窟内。暗い洞窟内から外の海を見た景色が見える。

これってゲートウェイで得たメッセージとして得た映像と同じだ！

2番目に重要なメッセージだ！

指示で、最後に死ぬ場面へ来る。

暗い海と岩のごつごつした中で葬式の儀式のようなものが執り行なわれる。詳細ははっきりしないが、遺体は海へ流されたようだ。

指示で、この霊の高次の意識と交信する。

場所は、エジプトの支配下にあるエーゲ海あたり。歴史には出ていないと言う。

時代は不明だ。

一生薄暗い中で修行した。目はだますからだと言う。心の声を聞くために暗い中で瞑想する。だから薄暗い映像しか見えなかったのだ。食べ物は地元の人たちが供給してくれる。かなり高い地位の僧だ。

指示に従い順に聞く。

「何を学んだか」

純粋な精神だ。

「今の自分とどういう関係にあるか」

モンロー研に行き始めて精神的なことをやり始めたのは、この人格の影響が大きい。


前半の明るい場所というのは、海を見晴らす高台にあるアカデミーで、そこで私は何らかの学びを得た後、卒業したようだ。

その後、海岸沿いの洞窟内で瞑想する集団に属すようになって、そこで残りの一生を過ごした。

モンローがこの組織の創始者で私よりもずっと高齢だった。

この集団は、「真理を探究する集団」であり、瞑想によって宇宙の真理を見出そうとする人たちの集まりだった。さまざまな「知」についても探究していた。たとえば、現代の言葉で言えば、数学や物理学、天文学などの知識についても探究していた。

洞窟内には波が流れ込んでいて、波の音が反響している。さらに、みなで声を発し、声が反響している。この両方の音の反響の効果がヘミシンクと同様の効果とさらには「倍音声明（ばいおんしょうみょう）」と同じ効果を生み出していた。

それによって意識の振動数を高い状態へと導くことが可能だった。そういう状態で、空間そのものに秘められているさまざまな真理について直感するのである。

それは真理を「知る」ということであり、悟るということである。自分で知るということを重視していた。

私は子供のときから天体や宇宙に興味があり、高校のときに宇宙の真理を知りたいと思って、物理に興味を持つようになった。さらに大学では物理を専攻した。この過去世の影響を色濃く受けていると思う。

モンロー研のプログラムに参加する人の中に、このときいっしょに瞑想していた仲間がけっこういるようだ。アクアヴィジョンのトレーナーの何人かもこのときの記憶を持っている。

この集団については、さらに詳細な情報を得ている。彼らはかなり人間味あふれる人たちだったことがわかる。

洞窟内にはいくつも部屋があり、奥のほうには高僧たちの愛人たちが住んでいた。若い僧の間ではホモセクシュアルな関係が一般的だった。

この集団の指導者であったモンローが死んだ後、誰が継ぐかで権力闘争が起こり、私が2割ほどの人たちを追い出して、跡を継いだ。そのときに私に殺された人がいたらしい。アクアヴィジョンのセミナー参加者にそういう過去世を思い出した人がいる。当時の私はかなりダークな側面も持ち合わせていたようだ。

過去世を知ることの意義

自分の過去世を知ることには大きな意義がある。さまざまな気づきや癒しが起こる。

(1) 自分がこの自分だけではなく、遠い過去からさまざまな人生を生きてきたということを実感できる。

自分が肉体を超える存在だということがわかり、死後世界の存在を知っても、それだけでは、自分が遠い過去から存在してきたということがはっきりとは実感できない。それにはいくつもの過去世を知ることが必要である。

（2）自分が無条件に持ってしまう特定の感情や思考形態、行動パターンの起源を知る。それが好ましくないパターンの場合には、それに気づき、違う選択ができるようになる。

前章に書いたが、私は国家神道に強い抵抗を感じていた。それがある過去世（地球外の星での過去世）での体験に原因があるとわかった。そのときの自分を救出すると、そういう反発心は嘘のように消えてしまった。

他の人が持つ特定の感情・思考・行動パターンの起源がわかることもある。たとえば、前にお話ししたが、家内がなぜ「あなたはいつも肝心なときにいない」という思いを持つのか、ネイティブ・アメリカンのときの人生を知ることで理解できた。

家内は私がモンロー研に関わることを良く思っていないのだが、その理由もわかった。古代ギリシャの瞑想する集団に入るときに、世俗的な関係をすべて断ち切る必要があったようで、それまで彼女と付き合っていたのを捨てたようだ。

(3)自分を制限するような価値観、信念がどのような過去世で身に付いたのか知り、それを手放すきっかけになる。

人は、「私は何々が苦手だ」、「何々はできない」というように自分を制限する信念をたくさん持っている。こういった信念は今生、成長してくる過程で身に付けたものもあるが、過去世で身に付けたものもある。

たとえば、こういう例がある。リーダーになることを極度に嫌っていた人が、ある過去世でリーダーとして大失敗をしていたことがわかった。そのときの自分を救出すると、そういう思いが薄れた。

(4) 過去世に起因する心の傷やトラウマの原因を知り、それを癒すことができる。それによって、今生での精神的な問題を改善できる。

過去世での体験が心の傷やトラウマの原因になっていることがある。たとえば、極度の水恐怖症の人が、調べてみると、過去世で何度も溺れていたことがわかった。全員を救出することで恐怖症が緩和した。

セミナー参加者の例だが、その人は飛行機に乗ることは問題なかったが、上空で旋回し出すと怖くてしかたなかった。わかったのは、過去世で旧日本軍の飛行機乗りだったが、敵にやられて落ちていくときに旋回しながら落ちたこと。そのときの恐怖がそのまま残っていた。その人を救出することで恐怖心も消えた。

(5) 家族や友人、知人とのつながりを知り、よりよい人間関係を築けるようになる。

配偶者とは何度も人生を共にしてきている場合が多い。これまでにやり残したことが今回のテーマとなっていることがわかると、今回の人生に活かすことができる。

ある人との関係性に問題がある場合、今生でそれを解決するために、また出会っていることもある。どう対処すべきか考える上で、過去世で起こったことを知ることが有益な場合もある。

夫が暴力をふるうので離婚して別の人と再婚したら、再婚相手がまた暴力をふるう人だったという話がよくある。自分がその手の人を引き寄せている可能性が高い。

自分に引き寄せる原因があると気づき、自分が変わることが必要だとよく言う。ただ、変わろうと思ってもなかなか変われないから問題なのだ。

原因はもっと深いところにある。子供時代に親から虐待を受けたとか、過去世で夫から虐待を受けたということがあり、そのときの自分が囚われている可能性がある。そういう自分を救出すれば、自分がコロッと変わり、その手の人を引き寄せなくなる。

第9章　あの世体験で変わる死生観

ゲートウェイ・ヴォエッジやライフライン、エクスプロレーション27などに参加し、ヘミシンク体験を深めてゆくと、その過程で、多くの人は次のことを知る。

(1) 自分が肉体を超える存在であること
(2) 過去世があること
(3) ガイドが存在すること
(4) 死んだ知人に会うことができること
(5) あの世が存在すること
(6) フォーカス27という光あふれる世界があり、そこに自在に行くことができるよ

うになること

モンロー研のプログラムは5泊6日の宿泊型なので、そんな長い日数休めないという人も多い。そのため、アクアヴィジョンでは1日、2日のコースも提供している。

F10からF21のそれぞれを1日かけて体験するコースや、F27を2日で体験するコースなど。あるいは、ガイドとの交信を練習するための1日コースや、F15で過去世を体験する1日コースもある。

そういう1日2日コースを積み重ねていくことで、上記の（1）から（6）までを知ることも可能だ。

フォーカス27まで体験しても、人によっては（2）はまだ体験できていないとか、（3）はまだとかというふうに進捗状況は大きく異なる。

また、こういった体験をすべてしたからと言って、初めからすべてを確信するということはまずない。自分の体験に自信が持てないことが多い。というのは、向こうの世界の体験の中には、クリアな体験もあれば、淡い体験もある。

疑いようのない体験もあれば、自分の勝手な想像ではないかと疑う心が出てくる体験もある。

すべてがすべてクリアで疑いようのない体験というものではない。いろいろなバリエーションがあるのだ。

私はこれまでにモンロー研の宿泊プログラムを数多く開催してきた。これまで数えたことがなかったので、ここであえて数えてみると、２０１４年1月1日の段階で、

・ゲートウェイ・ヴォエッジ　26回
・ライフライン　13回
・エクスプロレーション27　８回
・スターラインズ　７回
・スターラインズⅡ　５回

の合計59回である。２００５年6月以降のまる9年間に開催した回数である。

ちなみに、個人的に参加した回数は、

・ゲートウェイ・ヴォエッジ　１回
・ライフライン　２回
・エクスプロレーション27　２回

・スターラインズ　５回
・スターラインズⅡ　１回
・ガイドラインズ　１回
・ＭＣ２　１回
・ハートライン　１回
・タイムライン　１回

　の合計15回である。これは２００１年4月から２００８年の3月までの回数だ。両者の合計は74回になる。

　何が言いたいかと言うと、多くの参加者をこれまでに見てきたということだ。１回あたり15名から24名として延べ人数で１５００名程度となるだろう。

　初めからすごい体験をガンガンする人もいれば、ほとんど体験らしい体験ができない人もいる。

　あるいは、私から言えば立派に体験しているのに、本人は体験じゃないとかたくなに信じている人もいる。はっきりくっきりした体験でないといけないと思い込んでいるのだ。

あるいは「こんなのは自分の想像だ」と言って体験を否定する人もいる。

重要な点は、あきらめずに続けることである。そうすると、必ず何かが起こる。これまでにも多くの人がその道を通ってきている。

たとえば、自分の想像だとばかり思っていたことを、第三者がちゃんと見ていたことがわかり、勝手な想像ではないと自信を持てたとか。

まったく何も見えないけど、わかるという知覚の仕方があることに気づくとか。

心の中に言葉が浮かんできて誰かとの会話になるが、自分の想像だとばかり思っていたが、そうではないことに気づくとか。本書の冒頭で紹介した香さんがその例だ。

前に紹介した芝根秀和さんは『あきらめない！ヘミシンク』（ハート出版）を著した。ここには著者自身があきらめずに続けた体験が書かれている。多くのヘミシンク体験者の共感を得た本であり、この本を読んで、ヘミシンクに再挑戦したという人も多い。

ヘミシンクを学んでいくのはスポーツを学ぶのと似ている。テニスやスキーを始めて、あっと言う間にうまくなる人もいれば、なかなか上達しない人もいる。ただ、長年練習を続ければ、それなりにうまくなるものだ。先生について教わると上達が速いという点も似ている。

重要な点はヘミシンクを聴く回数を重ねること。そうすると、以下のどれかが必ず起こる。

（1）これは間違いないと自分の中で確信できる体験をする。

（2）死後世界で自分が何かをしているところを別の人に見られて、後にその人から言われる。

（3）裏が取れるような体験をする。

（ア）亡くなったAさんに死後世界で会い、Aさんとまだ生きているBさんしか知らないことを教えてもらい、後でBさんに確認すると本当だったという体験。

ライフラインの最後にやる「ターゲットを決めた救出活動」は、この変形バージョンである。亡くなったAさんの情報を死後世界で得て、それをBさんに確認すると一致したという体験である。

（イ）救出した人について救出中に詳細情報をもらい、後で調べたら、本当にそういう人がいたという体験。

（ウ）ガイドから未来についての情報をもらい、それが後で本当になる。

この中で一番多いのは、（1）ではないだろうか。感覚の問題なので、説明しにくいが、直感的にこれは真実だと思える体験というものがある。それをするのである。以上のような体験があると、自分の体験に自信が持てるようになり、あの世の存在や過去世、ガイドの存在を確信するようになる。また、死んだ人と会うことができることを確信するのである。

1回の体験ですべてを確信する人もまれにいるが、普通は自信が持てないので、何度も何度もこれでもかこれでもとさまざまな体験を重ねることで確信してゆく。

確信してゆく過程で、死の恐怖は自ずと軽減してゆき、最終的に死の恐怖はなくなる。それにはフォーカス27へ行くことができるようになることも特に大切だ。

重石《おもし》が取れる

死の恐怖がなくなると、これまで自分がいかに死によって制限された生き方をしてきたのか、死の恐れが重圧となっていたのかわかる。そういう重石《おもし》がなくなって初めて重石があったことに気がつくのだ。

ちょうど空気のようなものだ。空気がなくなって初めて空気の存在に気がつくのと同じである。あるいは、水の中に住む魚が、水から出て初めて水の存在に気がつくようなものである。

こういう話をされてもピンと来ないに違いない。死の恐れなんて感じないし、ましてそれが重石になってるなんてわからないと。

そう。生まれてこの方ずっと重石を背負って生きてきたので、重石を背負っていることすら気づいていないのだ。

それが、重石がはずれると、軽くなるのでわかるのだ。人生、軽やかに生きられるようになる。非常に気軽になる。肩の荷が降ろせた感じだ。

これからの人生、実に気ままに生きられる。何かの使命感に燃えて熱く生きても良し、好きなことを好きなようにやるでも良し、やらないでも良し。

このように自分の考え方に大きな変化が起こる。死生観が激変し、生き方が大きく変わるのだ。

こういった死生観の変化が自分の中で起こるには、何度も言うが、死後世界を頻繁に訪れることが鍵である。

自分の中でしっかりとしたものにするには、ともかく訪れる回数を増やすこと。それに尽きる。

そうやって一度強固なものになると、後は二度と崩れない。

死の恐怖から解放され、自由に生きられるようになるのである。それはすべての人が夢見るような生き方ではないだろうか。

死の重石が外れると、それまで抑え込まれていた本来の自分が表に出てきて、思う存分に生き生きと生きられるようになる。より素直に、より快活に、より気軽に生きられる。

ヘミシンクはそういう生き方を可能にしてくれる最高の道具だと言える。

おわりに

本書を終えるにあたり、本書を通して私が言いたかったことをまとめる。

（1）あの世はある。
（2）人は肉体の死後も生き続ける。
（3）あの世を訪れ、死んだ人と会ったり、交信したりできる。
（4）それを可能とする方法がある。それはヘミシンクである。
（5）ヘミシンクを学んだ多くの人がこれまでに死後世界を訪れ、死んだ人に会い、会話している。
（6）ヘミシンクを使えば、自分には多くの過去世があることもわかる。ガイドという自分を導く存在がいることもわかる。

（7）ただし、こういった体験を客観的に証明することは現段階では難しい。

（8）愛する人を亡くした人がヘミシンクを学び、亡くなった人に会い、幸せにしていることを知ると、悲しみが癒され、解放される。体験が証明できなくても、体験した本人にはそれだけの真実性があり、インパクトがある。

（9）本書に書かれたことがらを信じるも信じないも読者の自由である。信じたとしても、本当に知り、納得するには自ら体験するしかない。

（10）死後世界の存在や過去世やガイドの存在を確信できるようになると、死の恐怖はなくなる。そうなると、より素直に、より快活に、より気軽に生きられるようになる。これまでとは違う新しい価値観をもつことができる。

本書を著した理由については、「はじめに」に書いたが、実はもう一つある。

それは、最近ヘミシンクを始めた人の中に、「ヘミシンクであの世が体験できるんですか？」と質問してくる人がけっこういて、ショックを受けたのだ。少し前なら、ヘミシンクをやり始める人にとってそれは常識だった。

で、振り返ってみて愕然とした。私はここ何年も、宇宙探索や異星人、神的な存在との交信、アセンション、古代史の謎について本を多数書いてきたが、あの世についてて本に書いていなかったのだ。

私の読者の中には、高いフォーカスでの体験やピラミッドの謎の解明など、もう少し尖った事柄に興味を持たれる方も多いが、本書を書いた背景をご理解いただければと思う。

最後になるが、本書に体験談を載せることに同意してくださった多くの方に、この場を借りて感謝したい。

著者紹介／**坂本政道** さかもとまさみち
モンロー研究所公認レジデンシャル・ファシリテーター
（株）アクアヴィジョン・アカデミー代表取締役
1954年生まれ。東京大学理学部物理学科卒、カナダトロント大学電子工学科修士課程修了。
1977年～87年、ソニー（株）にて半導体素子の開発に従事。
1987年～2000年、米国カリフォルニア州にある光通信用半導体素子メーカーＳＤＬ社にて半導体レーザーの開発に従事。2000年、変性意識状態の研究に専心するために退社。2005年２月（株）アクアヴィジョン・アカデミーを設立。
著書に「体外離脱体験」（幻冬舎文庫）、「死後体験シリーズⅠ～Ⅳ」「絵で見る死後体験」「2012年目覚めよ地球人」「分裂する未来」「アセンションの鍵」「坂本政道ピラミッド体験」「スーパーラブ」「あなたもバシャールと交信できる」「坂本政道　ブルース・モーエンに聞く」「東日本大震災とアセンション」「激動の時代を生きる英知」「ベールを脱いだ日本古代史」「古代史２　伊勢神宮に秘められた謎」「古代史３　出雲王朝の隠された秘密」（以上ハート出版）、「超意識あなたの願いを叶える力」（ダイヤモンド社）、「人は、はるか銀河を越えて」（講談社インターナショナル）、「体外離脱と死後体験の謎」（学研）、「楽園実現か天変地異か」「屋久島でヘミシンク」「地球のハートチャクラにつながる」（アメーバブックス新社）、「マンガ死後世界ガイド」「５次元世界の衝撃」「死ぬことが怖くなくなるたったひとつの方法」（徳間書店）、「バシャール×坂本政道」（VOICE）、「宇宙のニューバイブレーション」「地球の『超』歩き方」（ヒカルランド）などがある。
最新情報については、
著者のブログ「MAS日記」（http://www.aqu-aca.com/masblog/）と
アクアヴィジョン・アカデミーのウェブサイト（http://www.aqu-aca.com）に常時アップ

あの世はある！ ヘミシンクで知る死後の存続

平成26年４月８日　第１刷発行
平成26年10月２日　第５刷発行

著者　　坂本政道
発行者　日高裕明
発行　ハート出版

〒171-0014　東京都豊島区池袋３-９-23
TEL 03-3590-6077　FAX 03-3590-6078
ハート出版ホームページ　http://www.810.co.jp

ISBN978-4-89295-971-4　編集担当／藤川　印刷／大日本印刷